认知·厚智营销书系

营销是个系统活儿

基于战略的营销落地

刘星辰◎著

北京联合出版公司
Beijing United Publishing Co.,Ltd.

图书在版编目（CIP）数据

营销是个系统活儿：基于战略的营销落地 / 刘星辰著. —北京：北京联合出版公司，2017.7

ISBN 978-7-5596-0283-1

Ⅰ. ①营… Ⅱ. ①刘… Ⅲ. ①营销战略—研究 Ⅳ. ①F713.50

中国版本图书馆CIP数据核字(2017)第088248号

营销是个系统活儿：基于战略的营销落地
作　　者：刘星辰
选题策划：北京认知空间文化传媒有限公司
策划编辑：赵　易
责任编辑：管　文
特约编辑：王　聪
封面设计：红杉林文化

北京联合出版公司出版
（北京市西城区德外大街 83 号楼 9 层　100088）
北京雁林吉兆印刷有限公司　　新华书店经销
字数 153 千字　　710 毫米 ×1000 毫米　　1/16　　15 印张
2017 年 7 月第 1 版　　2017 年 7 月第 1 次印刷
ISBN 978-7-5596-0283-1
定价：49.00 元

目录
CONTENTS

前　言
系统营销八大模块

Part 1 战略定位

0.8%的客户决定企业生死 013
信息时代，抢占客户心智 015
战略定位的三个关键词 019
战略定位导图法 025
战略定位的核心：找到差异化 028
企业为什么找不到差异化 031
如何找到差异化 034
如何定位——一词占领心智 039
心智模式的五大规律 041
企业如何寻找信任状 048
客户导图案例 051

Part 2 产品矩阵

爆品的四大特点 066

打造不出爆品的三大思维障碍 070

打造爆品的四大步骤 074

产品分类 081

Part 3 客户管理

顾客与客户的区别 089

客户管理解决的四大问题 093

客户管理策略 098

客户分类与管理工具 100

服务大客户的步骤 105

Part 4 价格设计

定价定天下 116
定价的四个误区 120
定价的六大方法 122

Part 5 制度引擎

平台+合伙人模式 141
分享经济如何落地 146
打造营销型组织 153

Part 6 策略营销

亚伯拉罕的营销策略 165
策略营销的方法论 169
策略营销公式 177

Part 7 说服流程

NAC说服心理学 197
说服流程的现场演绎 201
一对一的说服流程 204
一对多的说服流程 207

Part 8 财务思维

企业损益表 213
资产负债表 216
现金流量表 219
找到五大利润增长点 221
现金流断裂的八个原因 227

<table>
<tr><td rowspan="8">系统营销之利润导图3.0</td><td>战略定位</td><td>找到定位</td></tr>
<tr><td>产品矩阵</td><td>打造爆品</td></tr>
<tr><td>客户管理</td><td>锁定高端</td></tr>
<tr><td>价格设计</td><td>价高本低</td></tr>
<tr><td>制度引擎</td><td>平台合伙</td></tr>
<tr><td>策略营销</td><td>自动营销</td></tr>
<tr><td>说服流程</td><td>一比一百</td></tr>
<tr><td>财务思维</td><td>数据经营</td></tr>
</table>

前 言　系统营销八大模块

在互联网时代，中小企业如何解决营销的问题？本书提供了最新的营销方法与体系：策略营销，并建立了一套科学的利润倍增系统。全书内容分为八个部分：战略定位、产品矩阵、客户管理、价格设计、制度引擎、策略营销、说服流程及财务思维，从企业运营的角度阐述了新营销的系统性。在每一部分，针对企业遇到的问题，给出了具体的应对方法、方案，使企业能够建立一套基于战略高度的营销体系，能够帮助企业迅速走出发展困境，持续做大做强。

1.战略定位——找到定位

近年来，随着全球经济环境的变化，我国经济发展的宏观调整，中小企业“小、快、灵”的优势不再像以前那么明显，发展中遇到的问题比较多，发展机会也大大减少，很多中小企业困难重重。虽然企业发展遇到了瓶颈，有外部因素的影响，但是，决定因素还是在企业内部，在于企业战略定位的趋同，定位不准确，技术和产品也没有创新，没有自己的特色，处于知名企业的包围中，不适应多样化、个性化的消费市场等。有鉴于此，中小企业应先找到自己的战略定位，确定自己的优缺点，再去寻找市场空缺，从而杀出重围。

战略定位：创建客户认知，寻找差异化，找到竞争对手的盲点、用户痛点及自身优点，做到“一词占领”“一语穿心”“一套信任状”。

2.产品矩阵——打造爆品

许多中小企业在市场条件比较好的时候，忙于对既有的产品和服务进行推广与销售，缺乏创新意识，或者说满足于当前的正常运营，根本不想创新；当企业遇到外部环境巨变，市场条件不好，产品滞销的时候，则忙于促销和处理库存，忙于回收资金，更无时间、人力、财力等对产品进行创新。

市场的发展永远是动态的，因此有创意、有特点的产品永远会有空缺，问题的关键是中小企业怎么找到这个空缺并发挥自身优势，开发其他企业无暇顾及的产品，迅速占领市场，或者成为众多产品中的明星产品。

利用产品矩阵的原理，打造爆品便成为当前中小企业的发力点。

产品矩阵：全部资源聚焦一个产品，打造爆品，成立研发中心。

3.客户管理——锁定高端

中小企业的经营目标是提高企业的利润率，使赢利水平高于同行的平均水平，同时降低企业的经营成本，获得比竞争对手更多的客户，从而占有市场。客户占有率高意味着经营效率会大大提高，会帮助企业吸引更多的客户，增强口碑营销的效果。

高端客户和普通客户的开发成本相差不大，并且具有示范效应比较强，能够引领社会消费潮流。将高端人群作为目标客户群，会有比较好的效益，既有利于公司当前竞争优势的发挥，也有利于公司未来持续健康发展。

客户管理：锁定高端，精准细分，客户分类，大鲸鱼战略。

4.价格设计——价高本低

对新产品如何定价，以及怎样修订产品的价格以适应市场环境的各种变化，这是企业在持续发展中不断遇到的问题。

如果客户对于本企业产品和其他企业的产品辨识度不高，或者不理解本企业产品的附加值，则形成价格虚高的看法，会拒绝接受既定价格。产生这种想法的原因并非在于价格本身，而在于价格战略中的其他组成部分。

当企业遇到这种情况时，不应该以降价促销来吸引客户，而是应该反过来教育消费者，讲解产品的优势，帮助客户认识产品，使其认识到产品所具有的价值。

价格设计：四大误区，两大杀手，六大策略，三大步骤。

5.制度引擎——平台合伙

企业组织架构包含三个方面的内容：部门和岗位的设置，部门和岗位角色相互之间关系的界定，以及企业组织架构设计规范的要求。需要考虑的关键因素：工作专门化、部门化、命令链、控制跨度、集权与分权和正规化。

中小企业的股东和管理层通常是重叠的，确立股权分配时通常考虑三个因素：资源层面、公司治理层面及未来融资方面。

合伙人制度是指由两个或两个以上合伙人拥有公司并分享公司利润，合伙人即为公司主人或股东的组织形式。合伙人承担无限责任，合伙人共享利润，同担责任。

制度引擎：顶层设计，股权分配，平台＋合伙人，阿米巴。

6.策略营销——自动营销

在竞争激烈的市场中，能否通过有效的方法获取客户资源是企业成功的关键。企业需要通过多种方法寻找准客户并对准客户进行资格鉴定，使企业的营销活动有明确的目标与方向，使潜在客户成为现实客户。

开发客户的方法：在老客户身上挖掘新业务，通过老客户介绍新客户。从竞争对手方开发客户，充分利用自己的人脉。通过各种媒体找到潜在客户，运用市场调研、问卷等手段。

策略营销：别人的池塘——抓潜——成交——追销——自己的池塘。

7.说服流程——一比一百

在很多情况下，销售人员提问的问题和提问问题的形式远比单纯的陈述重要。因为要想客户对你的解决方案有兴趣，那么就必须先发现客户的需求。提问的另外一个重要作用不仅仅是提高销售成功的可能性，还能降低失败的风险性。

一般来说，通过提问可以带来以下好处：引发客户的兴趣，在客户心目中建立可信度，使客户主动参与交流；能够与客户建立更亲密的关系；更精确地了解客户的需求，以及更真实的信息反馈；发掘客户的购买动机和其他决定因素，进而提高成交率等。

说服流程：巅峰状态，会问。

8.财务思维——数据经营

管理者要定期查看企业的财务状况。通过阅读报表，可以了解企业生产经营的基本情况、资金周转情况、是否实现预期利润等。

管理者必须看懂的三张表：企业损益表、资产负债表、现金流量表。企业损益表可用来分析企业利润增减变化的原因，从中可以分析出企业的赢利点；资产负债表可让企业家在最短时间内了解企业的经营状况，从而压缩企业运营成本；现金流量表可用于分析企业在短期内有没有足够现金去应对开支，去开拓业务，决定着企业的发展方向。

财务思维：企业损益表、资产负债表、现金流量表。

菲利普·科特勒曾经说过，优秀的企业满足需求，杰出的企业创造市场。在现代经营管理观念指导下，中小企业的活动要与复杂多变的营销环境相适应，通过满足市场的需要来实现企业的营销目标。中小企业的管理者要致力于创造有显著差别的产品线和营销方法，成为本行业的市场领导者；同时，聚焦战略，将力量集中在细分市场。

为此，企业需要实施全面而系统的营销策划。在企业营销活动中，企业需要正确定位，设计相适应的营销策略，制订切实可行的产品矩阵，对产品进行合理定价，实施最能调动全员积极性的组织架构，进行高效的策略营销，对活动计划实施有效的财务控制。

Part 1

战略定位

寻找差异化

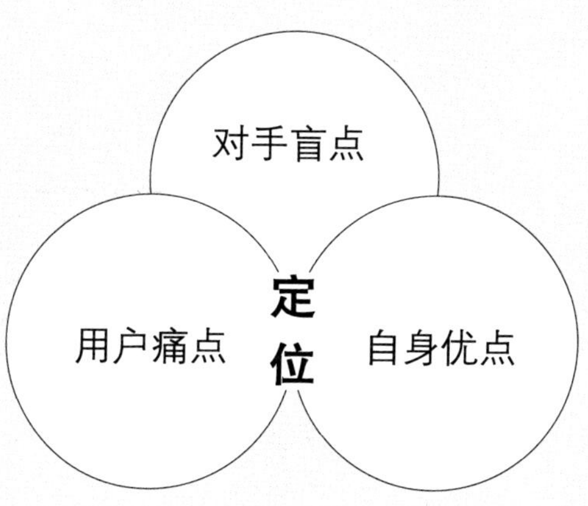

80/20法则

20%的客户带来80%的利润

20%的20%＝4%

4%的客户带来64%的利润

4%的20%＝0.8%

0.8%的客户带来51.2%的利润

0.8%的客户决定企业生死

一百多年前，意大利著名经济学家帕累托发现：社会上 20% 的人占有 80% 的社会财富。这就是著名的二八法则，也被称之为 80/20 定律。很多人都知道社会生活中处处体现这个定律，比如说，高铁 20% 的座位是头等座，80% 是普通座；20% 的人做事业，80% 的人做事情；在一个国家的医疗体系中，20% 的人口与 20% 的疾病，会消耗掉 80% 的医疗资源；世界上大约 80% 的资源，是由世界上 20% 的人口所消耗的；在企业中，20% 的员工创造了企业 80% 的利润；20% 的产品或 20% 的客户，为企业赚的销售额占整个销售额的 80%。这个理念广为流传。

0.8%的客户决定企业生死

如果说你的企业有 100 个客户，创造了 100 万元的利润，平均下来就是一个客户给你的企业带来了一万元的利润。但是根据 80/20 法则来看，这样理解是不对的，应该是 20% 的客户给你的企业贡献了 80 万元的利润。所以作为企业家，一定要找到这 20% 的客户，去做好贴心的服务，这就叫高效与精准的服务。同样，如果你的企业有 100 个员工，创造了 100 万元的利润，作为企业家，你应该知道 20% 的员工创造了 80 万元的利润，要紧紧抓住这 20% 的员工，为他们做好各种服务。

营销型企业家必须要形成这样的认知：20% 的客户创造了 80 万元的利润。但问题接着出现了：20% 的重点客户，企业家一个人能服务得过来吗？一般说来，企业家一个人是服务不过来的。如何解决这个问题呢？创造 80 万元利润的 20% 的客户，就代表了 20 个客户，那么 20% 的 20% 是多少？是 4%。再计算一组数据，如果 4% 的这些客户创造 80 万元的 80% 的利润，也就是说 4 个客户为你的企业创造了 64 万元的利润，那么作为企业家的你，把这 4 个客户服务好就可以了，这就一下子抓住了服务的核心。

继续思考与推算：4% 的 20% 是 0.8%，64 万元的 80% 是 51.2 万元。这就是说，你有 100 个客户，可能只有 1 个客户就帮你的企业完成了 50% 的利润。所以作为企业家，你要服务的是核心中的核心。

信息时代，抢占客户心智

经营企业必须了解我们所处的这个时代，以及时代发生的变革，要善于预判趋势，随时把握风口。很多企业家都说现在企业困难，日子不好过。那么就要了解日子不好过的社会原因是什么？在宏观背景下调整自己的微观经营策略。

对企业家来说，商业经营可以分为三个时代。如表 1–1 所示。

表1－1 三大商业时代的特点

三大时代	现象	核心	方法	客户
工业时代	供不应求	多快好省	提高生产效率	企业生产什么，客户就买什么
市场时代	供求平衡	渠道为王	宣传	企业宣传什么，客户就买什么
信息时代	产品过剩	心智认知	企业定位	客户心智有什么，就买什么

第一个是工业时代。西方所谓的工业时代指从 1881 年到 1935 年约 50 多年的时间，主要是对能源的开发与利用。当前企业家所经历的中国的工业时代，主要是指 20 世纪的 80 年代初至 90 年代初中国开始进行改革开放这段时间。在这十多年的时间里，在中国买什么商品都比较困难。产品需求旺盛，甚至还需要排号购买。这个时代以产品为核心，现象是供不应求，企业为了迅速地把产品推向市场，追求多快好省，方法是提高生产效率。从客户的角度来看，就是企业生产什么，

客户就买什么。

通过改革开放，我们把全世界的工厂都吸引到了中国，中国的农民也开始进入城市，成为产业工人。中国这十多年的发展是充分利用了廉价的劳动力，同时资源也得到了最大化的开发，当然也带来了破坏。就这样，中国成为世界工业大国之一，GDP 赶超德国、日本，成为世界第二大经济强国，但是人均 GDP 还是非常低。

但是第二个时代很快就来了，即市场时代。这个时代以市场为导向，特点是商品供求平衡。企业以渠道为王，用宣传的手段，让更多的消费者了解商品。从客户的角度来看，就是企业宣传什么，客户就买什么。在物质充盈的时代，人们有衣服穿，有饭吃，不再为温饱问题担忧，但对企业家来说，突然发现以产品为导向转向了渠道为王。哪家企业的渠道比较好，就能赢得市场。所以从工业时代进入到市场时代的企业家就非常痛苦。在工业时代，企业应该靠生产赚钱，而在市场时代渠道为王，宣传至上。他们很困惑：只会生产产品，不会做市场。怎么办？在这个探索的过程中，不善于做市场营销和宣传的企业倒下了很多。

河北生产一种白酒，叫献王酒，源自汉代宫廷秘方，具有 2000 多年的历史传承。在河北一个省就有 600 多家渠道商，包括烟酒专卖店、餐饮企业，但是献王酒的销售一直不尽如人意。酒厂在渠道里压了大量的货，款项收不回来，严重影响了企业的现金流。十几年前，我们去这家企业考察，建议他们加大宣传力度，后来企业回款逐渐好转，现金流也开始充裕起来。

在市场时代做宣传，最好的渠道就是中央电视台。1994年11月2日，在首届中央电视台广告竞标中，孔府宴酒以3079万元夺得1995年“标王”桂冠。1995年，孔府宴酒实现销售收入9.18亿元，利税3.8亿元，成为国内知名品牌。其他像蒙牛、伊利、秦池酒、步步高、娃哈哈、宝洁、茅台等品牌也夺过“标王”桂冠。以致有媒体惊呼：“人类已经无法阻止央视广告招标总额创新高了。”

今天，商业进入一个新的时代，即信息时代。在信息时代，你会发现产品严重过剩。就拿矿泉水这种日常用品来说吧。在消费者的普通认知里，矿泉水也就有七八个品牌吧。如果去超市买矿泉水，想到的要么是农夫山泉，要么就是娃哈哈。但实际情况是，市面上流通的矿泉水有2000多个品牌。每个省，每个市，每个地方……都有自己的矿泉水。我在全国各地讲课，每到一处都遇到不同品牌的矿泉水。这表明矿泉水已经严重过剩了。

在信息时代，客户的认知发生了改变，所以也称之为心智认知时代。消费者对产品的评价不单单是从视觉、触觉等出发，还要有发自内心的体验与感受。因此在这个时代，企业要进行重新定位，找一个自己最适合的位置，定位明确的、有差异化的企业才能杀出重围。对客户来说，心智中有什么就买什么。比如，想喝凉茶会想到加多宝、王老吉，买豆浆机会先想到九阳，喝啤酒会想到青岛啤酒，吃快餐会想到肯德基、麦当劳，买空调会想到格力空调，买一辆性能安全的车就想到沃尔沃，买拍照手机想到vivo……

商业环境发生了巨变，客户的认知发生了巨变，企业家应该牢牢把握客户的心智，做好产品的定位。企业家也要转型，成为营销型企业家，首先要了解客户的心智中已经有了什么；然后要为企业重新定位，要从客户的心智思考问题，而不仅仅是从市场角度考虑问题。今天企业的战场不是在抢占万达广场，不是抢占麦当劳、肯德基旁边的地盘，而是要抢占客户的心智，客户大脑当中的空位。

战略定位的三个关键词

战略定位就是让产品在客户心智中与众不同，成为首选。信息时代企业应该聚焦业务，核心就是做出取舍。记住，只做一件事，持久地做一件事，你才能成为专家，在你没成为专家之前，第二件事不要去碰。麦当劳、肯德基都特别善于做取舍，它们有九个产品，如果研发出一个新品，那么必须减掉一款老产品，一直销售九个产品。真功夫之所以遍布全国，因为它就做五号餐，一号、二号、三号、四号、五号。成功的企业就是特别善于做取舍，不能什么业务都干。

在这个时代做战略定位，需要把握三个关键词：

取舍

这是著名的管理学家迈克尔·波特给美国企业提出来的战略要求，他认为战略就是做取舍。迈克尔·波特经过测试发现，美国的企业如果每年的利润都在 2000 万美元以上，经过几年积累后，账户余额超过 1 亿美元时，那么这样的企业大多会偏离原来的发展方向。因为企业赚到钱了，接下来往往就要横向发展。比如说一家原本开高档酒店的企业，当赚到 1 亿美元后，可能会投资食品厂。迈克尔·波特还发现，企业一旦偏离原本的发展方向，企业现金流就容易断裂，紧接着就是经营出现问题，最后企业被迫退出。

某款手机定位是拍照手机，就不能说它还是音乐手机，是拍照手机还是音乐手机，就容易导致消费者心智混乱，而消费者的心智需要单一法则、单一认知。联邦快递为什么成为美国最赚钱的快递公司？因为这家公司做了取舍，把大包裹去掉，专门运送小包裹，提出隔日必达的口号。西南航空做出取舍，把头等舱和商务舱砍掉，只做经济舱，专门做短途运输。一句话就说得很清楚：巴士的价格，最快速度到达。很快西南航空就成为美国的“空中巴士”，成为最赚钱的航空公司。

今天我们的很多中小企业在战略上都不能做出取舍。很多企业的经营业务跨了三四个行业，甚至五个行业以上。在过去，这样多元化的经营也许取得了辉煌的业绩，但在今天，这样做的挑战非常大，危机重重。企业家做战略就是要做取舍，搞清楚企业到底要干什么，坚持干什么，不变的是什么，与时俱进的是什么。很多企业家总以为时代在变，要与时俱进，就要适应时代的变化，业务也要发生变化。

其实他们理解错了，任何时候都是变与不变的组合，在一定时期内，不变的是企业核心精神与行业优势，变化的是跟随时代发展而创新的技术手段，是创新的商业模式，是创新的组织架构，是本行业业务的全新开拓。

1984 年，王石做出了伟大的决定，把电子厂、饲料厂、百货、超市、怡宝矿泉水等 17 个公司全部卖掉，然后把全部资金投资在房地产行业上。那时候他在深圳听到了时任国家经济委员会副主任朱镕基的讲话，说中国不只要开上车，同时还要住上楼房，所以未来要大力发展城镇化，让人口集中在城市。王石立刻决定把其他产业都砍掉，只做房地产。

30 多年过去了，万科成为全世界最大的房地产公司。

王石在某年的亚布力论坛上对民营企业说了三句话，句句直指人心、戳中痛点。

第一句话：要清楚这一生一世你要做什么。大部分企业家不敢回答这个问题，因为不能确定，总是这山望着那山高。什么行业好呢？马云说，什么行业都不太好。又有人说，什么行业都有做得好的人。但这个人为什么不是你呢？因为你从来没有把这个行业变成一个焦点，没有去钻研它。所以，如果你能回答出一生一世要做什么，也就明确一生的奋斗目标了。

第二句话：要清楚你要放弃什么。王石放弃了怡宝矿泉水，放弃了万家百货，放弃了饲料厂，放弃了电子厂，等等。王石说，当年除了毒品，其他的都做过，但是 1984 年他决定一生一世只做房地产。万科用了十年成为中国第一，用了十二年成为世界第一。试问我们的中小企业家们，有没有魄力放弃手上的还正在赢利的公司？

第三句话：你要集中所有优势资源专注做这个行业。IBM 这个 PC 机的传统巨头，为了专注于企业的网络解决方案，把一度赚得盆满钵满的个人 PC 机业务卖给了联想集团。股神巴菲特有句名言："如果你没有持有一种股票 10 年的准备，那么连 10 分钟都不要持有。"这句话用到企业一以贯之的业务经营上同样适用。

聚焦

战略就是做聚焦。1996 年，春兰公司已经把空调做到了全球第九，后来这家公司也做了一个决定：春兰不能只再生产空调了，还要生产电视、摩托车，还要进军房地产行业。但几年后春兰空调就江河日下，基本被淘汰出市场。珠海格力电器公司决定只生产空调。格力空调现在成为世界第一。对中小企业来说，在当今这个时代，尤其需要聚焦战略，聚焦十年，一个企业不可能不成功，成功之后只要不犯错，企业一定会顺风顺水。

聚焦什么呢？首先，要聚焦一个产品。在互联网时代叫爆品，在产品中选出一款，专注去做。长春有家宋记粥铺，专门做早餐。一开始有十几家店，每家店都亏损经营。我们帮他们做了定位，从过去的十几家店砍到三家店，专注做粥这个单品，而且不断升级，后来升级到用纯净水煮粥，还成立了中医粥养生研发中心，研究粥里加人参、鹿茸有什么功效，人减肥为什么喝粥，女士为什么喝粥，男士为什么喝粥……一年时间，宋记粥铺的店从三家变成了七家，最重要的是，每一家店都赢利。

有一天，老板跟我说，他还有包子的秘方。我让他把秘方拿给我，说：“能不能把它烧掉，烧掉后就不会再牵肠挂肚，一辈子做粥就行了。”很多企业家犯的最大错误，就是以为自己很有能力，什么都能干，导致最后做什么都不专业，慢慢地，市场就把他们淘汰掉了。

其次，要聚焦市场。比如说，某企业刚推出一个新产品，北京市场还没站稳，就从北京做到了广州，广州市场还没站稳，就从广州做到了香港，最后导致市场完全失去焦点。所以，企业要聚焦一个区域或一片市场，要先找到真正让企业站稳脚跟的山头，变成样板市场后，再推进到其他区域。

再次，要聚焦一部分客户群体。不能认为所有的人都是企业的目标客户，老年人可以用你企业的产品，青年人可以，女人可以，孩子也可以。现在的市场与客户是分化的，讲究精准营销。客户通吃的时代已经过去了。朵唯手机聚焦的是女性群体；8848手机聚焦的是高端的商务精英群体。它们的市场都非常小，但是每年的销售额都有几十亿元。

定位

战略就是定位，定位就是标签。如果你的企业还没有一个标签，就表明你还没有在客户的心中画上一个等号。没有等号，就说明你没有抢占客户的心智，客户的大脑中没有你的位置。在今天的商战中，市场的销量第一，并不算第一，在客户心智中占领第一的位置才是真正的第一。客户的心智一旦被你的产品占领后，是很难被其他产品替换掉的，所以一提到你的公司，客户立刻想到的是什么，你的标签就是什么。你不断在客户的心智中画标签，不断传输，不断重复，最后与客户的心智密切关联。

怕上火就等于王老吉，天然水就是农夫山泉，纯净水就是娃哈哈，汉堡就是麦当劳，炸鸡就是肯德基，咖啡就是星巴克，这都是符号化的标签。产品在客户心智中画上等号之后，客户自动来找你，而不是你去找客户。

全世界交易的只有两种东西，一种是商品，一种是品牌。中国在过去几十年中，往世界输出的是商品，很少输出品牌。但是法国、意大利、美国、日本等国家，给中国输入的都是品牌。所以我们要转变思路，在全球化的大背景下，人工成本高企，商品成本加大，我们要开始输出品牌，输出品牌才有无限的想象价值。而输出品牌，首先就要做好企业战略和产品的定位。

战略定位导图法

如何重新为企业定位，抢占客户大脑中的空位呢？可以用导图法。有一个企业家是做装修的，在一张纸上画导图，画来画去，突然找到了空位。在我们的心智中，装修有家庭装修、工厂装修。但现在家庭装修的大市场逐渐在萎缩。而工厂装修，则与工厂领导关系比较大，需要搞公关，关系一断，或者领导一换，合作可能就没了。

中国正进入消费时代，服务业是中国经济再次崛起的保障，未来中国最大的市场是消费业。从这个角度思考，就会发现装修的空位，即商业装修。比如说，做餐饮行业的，都需要有餐饮店，不管面积多大，都需要装修。最关键的是，一般餐饮店的寿命也就是两三年。下一个餐饮店接手后，又需要重新装修。有些城市还没有专门做商业装修的企业，这是一个很大的市场。所以这个企业家用导图推导来推导去，突然画出了商业装修这样一个定位。然后他就卡住这个位置，重新做品牌，重新组建团队，第一时间抢占了客户的心智。

信息时代成功的关键是创建客户的认知，抢占客户大脑的空位。这个空位在商业思想中就叫作定位。这是1969年特劳特和里斯先生提出来的享誉全球的商业理论。商业变革的时代需要我们改变思维方式，为企业重新定位。

过去，宝马汽车一直模仿奔驰汽车，宝马汽车的企划部天天冥思苦想，为宝马重新定位。经过反复的调研与论证，他们提出来一个口号叫驾驶乐趣。奔驰卖的是豪华尊贵，宝马就要卖驾驶乐趣。这个定位让宝马汽车大获成功。在客户心智中，大是空位，小也是空位。大众汽车公司开始做大轿车不成功，后来做了甲壳虫这一款小汽车，非常受欢迎。高端也是空位，比如方太高端厨电领导者的定位，就是一种品牌的突围。其他企业在做大众的时候，高端就是空位；其他企业做高端的时候，大众就是空位。

思考题：参考餐饮业导图（见图1－1）、包装水导图（见图1－2）、地产业导图（见图1－3），思考你自己企业的业务导图，并画出你所在行业的导图。

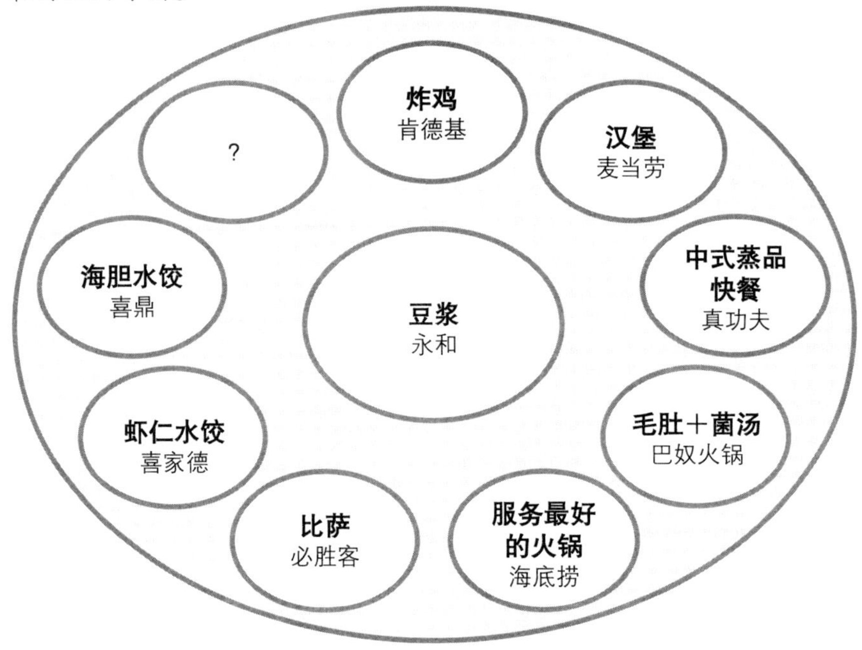

图1－1 餐饮业导图

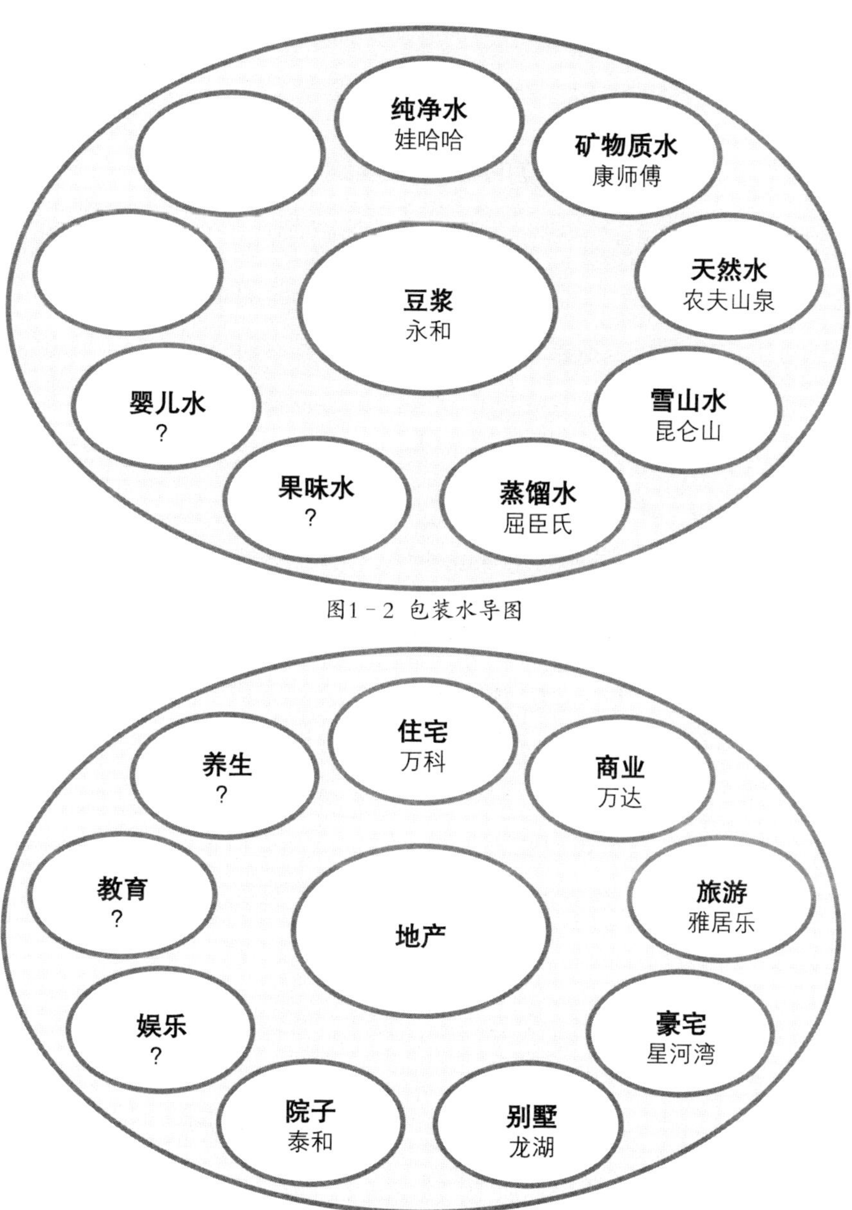

图1－2 包装水导图

图1－3 地产业导图

战略定位的核心：找到差异化

商业成功的关键因素是三个字：差异化。为什么说差异化是商业成功的关键因素呢？一是因为客户不愿意买重复的东西；二是因为产品比对手做得更好是不容易的，但跟对手做得不同还算容易。比如吉林省有500多家药店，长春世仁堂大药房如果要比500多家药店都做得好会很困难，但是很容易与它们做出不同来。比如可以做专门服务老年人的药房，地理位置与室内装修都是为老年人着想，二楼还开设健康大讲堂，邀请知名专家过来做讲座，同时销售保健品。

中国的大部分企业都缺乏创新能力，只好模仿别人，别的企业生产什么，它也生产什么。买模仿品的客户一定不是真心喜欢产品的人，完全模仿的企业是不可能持续成功的。只有做出差异化来，才能占领市场，甚至走向国际市场。比如长城汽车最早生产皮卡，后来找里斯公司做咨询，砍掉了赖以赢利的皮卡等产品，开始生产10万元到15万元的SUV汽车，如今在同价位SUV中销量是世界第一。关键就在于长城做出了差异化。

做出与众不同的产品才有商机，否则就是危机。在别人的赛道上只能排队成功，但改变赛道你就是第一。商业经营中有很多“改赛道”成功的例子。美发业基本都是“老少通吃”，可以改成“儿童美发”这个新赛道；牙科诊所可以改为“儿童牙科”这个新赛道。改变赛道，你就跟别人不一样。

企业要做出差异化有很多路径，如表 1–2 所示：

表1–2 企业差异化的多种实现路径

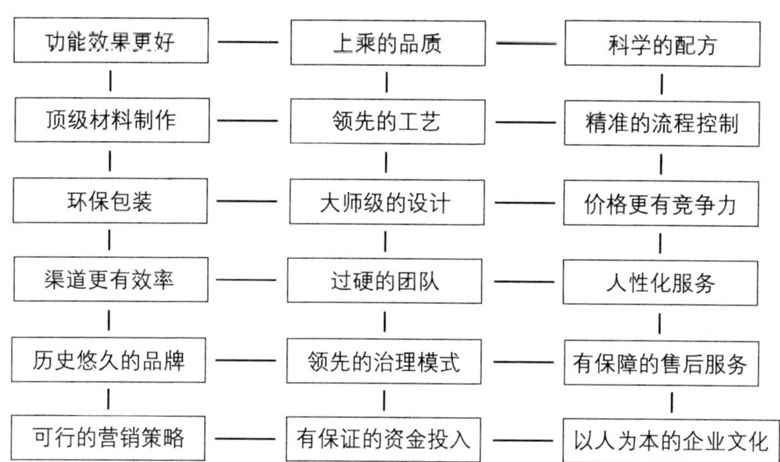

企业战略定位的核心是找到差异化。在这个时代，你跟别人做一样的业务，想做到更好是非常难的；但是你跟别人做不一样的业务，就很容易脱颖而出。当前的商业在不断分化，从原来的树干中分化出树枝，就逐渐有了更大的差异化。过去做餐饮，企业提供的服务大多是多元化的，有吃饭、住宿、洗浴，甚至还有 KTV。现在做餐饮，就开始分化餐厅的各种菜品，就某一单品做主题餐厅，比如有专注做剁椒鱼头的，有专注做锅包肉的……

学会做分化，就容易找到差异化，商机就来了。比如有人说，炸鸡排就是从肯德基的炸鸡分化出来的。国内有家炸鸡店，叫第 1 佳大鸡排。这家店源自于台湾的士林夜市。两兄弟到台湾旅游，到了士林夜市，看到第一号摊位的生意是炸鸡排，一排排的人等着吃。这两个兄弟回来后就开了一家店，叫第1佳大鸡排，两年就做了2000家连锁店。

重新开出一个新赛道，比如快餐，有肯德基、麦当劳这样的巨无霸在前面，我们怎么办呢？那就开出一个新赛道，做美国中餐第一品牌。跟在别人后面，成功也是排在别人后面的。如果开出新赛道，那么你就是第一。卖坚果的那么多，三只松鼠开出一个赛道——互联网坚果领先品牌。卖橙子的遍地都是，褚时健的褚橙就开出新赛道，人生总有起落，精神终可传承，橙子成为励志的象征，因此褚橙成为橙子第一品牌。

任何一个行业都像一棵树，这棵树可以有很多枝丫，可以开出很多赛道。比如酒就是一棵树，是一个行业，那么白酒、红酒、黄酒……就是赛道。电器是一个行业，空调、洗衣机、豆浆机……就是赛道。

中国企业要走出中国，走向国际，走出自己的特色，就需要中国文化加上国际思维。真功夫中餐采纳了麦当劳、肯德基的模式，即快餐化、标准化，再以中国源远流长的功夫文化、饮食文化为底蕴，就是用国际思维加中国文化，让自己成为一家具有差异化的餐饮连锁企业。

做企业必须找到差异化，山寨与模仿是没有出路的，必须开出新赛道。但当前大部分中小企业还找不到属于自己的差异化，所以活得非常痛苦。

企业为什么找不到差异化

为什么找不到差异化呢？原因有很多。我们结合中小企业家常见的三种现象来分析下。

一是我们的企业家出了问题，远离了企业，远离了客户。在工业时代、市场时代，他们很容易就赚到了钱，完成了原始积累。现在开始远离企业，要么是在企业里待不住，到处游玩，要么觉得自己已经成功了，天天挖空心思去拜见顶级的企业家。很多老板给我说，能否请柳传志、王健林、王石这样的企业家给他们上课。其实这些老板不知道，他们单单在意志力方面，就与这些企业领袖差得太远太远，经营企业很多时候就是意志力的比拼。

我接触过很多顶级企业家，他们的意志力比我们想象得还要强大，他们经历的困难比我们想象得要难上很多，但他们是人生的强者。王健林一天飞两个国家，三个航班。60多岁的王石两次登上珠峰，又去哈佛留学。慧聪老总郭凡生每天早晨坚持跑5000米……扪心自问，我们有这样的意志力吗？人与人之间真正的差别不在智商，不在方法，而在于意志力。经营企业是一生的长跑，没有意志力，怎么跑完这样的马拉松？回归企业，跟员工在一起战斗，回到经营企业的跑道上，才有可能抓住这个时代的新商机。

很多老板不了解市场，不了解客户的需求，远离了客户，就没办法找到差异化。比尔·盖茨每年都要走到一线，坐在员工座位上，接客户的投诉电话。宗庆后每年有200天在市场上与代理商沟通、与客户沟通，才知道他们的真正需求。推出了营养快线、格瓦斯等产品，都是从客户那里知道的。

二是厌烦本行业。很多老板干上几年以后，对本行业就非常厌烦，总觉得其他行业挣钱多，又不那么辛苦。问题是，在这个行业干了很多年，他们只懂这个行业的业务，已经成为相对的专业人士。贸然离开本行业，进入一个全新的行业，毫无疑问，失败概率非常高。如果连老板都厌烦了本行业，你的员工跟着你干，还有什么希望？所以老板必须回归到自己的行业，要重新喜欢本业，并且不单纯只是为了赚钱才做企业，而是要真正热爱这个行业。

我曾经所在的禾丰集团1995年成立，老板喜欢猪、鸡等家畜，喜欢饲料，就专心做饲料、卖饲料，现在有了100多亿元的市值。台湾有一个人喜欢养鸽子、放鸽子，他太太很担忧，问他能赚钱吗，能养家吗？他说就是喜欢干这个。每年一度的放鸽子大赛，他都能进前三名，赢得1000万新台币（约218.5万人民币）的奖金，基本也够养家、养鸽子了。

三是投机心态比较严重。很多老板总想一次解决一辈子的事情。现在投资盛行，原来踏踏实实做产品的老板，赚了点钱，总想着做点投资的事儿，以为后半生就不用像做产品一样辛苦了。问题是企业哪有那么容易上市，哪有这么容易获得几十倍的利润。只看到贼吃肉，没看见贼挨打。有个企业家在一个小城市做足道，生意很好，一年赚几十万元，连续做了十多年，手头上积攒了几百万元。有一次，他告诉我，有个赚大钱的好机会，要投资一个朋友的企业，未来上市能翻很多倍。我问他要投多少钱？他说200万。我说，你做足疗赚来的钱不容易，能看住就看住。

如何找到差异化

著名战略管理专家迈克尔·波特是这样描述差异化战略的：当一个公司能够向客户提供一些独特的、其他竞争对手无法替代的商品，对客户来说其价值不仅仅是一种廉价商品时，这个公司就把自己与竞争厂商区别开来了。

对于一般商品来讲，差异总是存在的，只是大小强弱不同而已。而差异化营销所追求的“差异”是产品的“不完全替代性”，即企业凭借自身的技术优势和管理优势，生产出在性能上、质量上优于市场上现有水平的产品；或是在销售方面，通过有特色的宣传活动、灵活的推销手段、周到的售后服务，在消费者心目中树立起不同一般的形象。

找到对手的盲点

所有产品的定位都是基于对手的盲点，企业的定位是基于有竞争对手。对手分为三种，一种是直接对手，一种是间接对手，一种是潜在对手。如果没有直接对手，就找间接对手，没有间接对手，就找潜在对手。百事可乐找到了可口可乐作为竞争对手，可口可乐的特点是传统、经典、正宗，这也成为它的盲点，它的问题就是太老化。所以百事可乐就找到了年轻人这个群体，宣传百事可乐是新一代的选择。后来美国的老年人都喝百事可乐，为什么呢？因为他们不想承认自己是老年人，要显得年轻。年轻成为一种需求。经过几十年的竞争，百事可乐成功站稳了脚跟，在销量上也一度超过了可口可乐。

宝马一直跟随奔驰，被压抑了很多年。后来宝马寻找到奔驰的盲点，发现商务人士更喜欢奔驰，显得稳重。于是宝马重新定位，即年轻人的选择，是驾驶乐趣。很快就开出新赛道，很多年轻人赚的第一桶金想要买的车就是宝马。西贝莜面村的创始人贾国龙发现北京餐饮企业的盲点在于快而不好吃，于是推出了“好吃”的战略，要求每一道菜都好吃。在北京这个城市，不论有多忙，都要吃一顿可口的饭菜。一下子就抓住了市场的盲点。

在任何强大的对手面前，我们都有商业机会。对手越强往往越有盲点。东北最受欢迎的水饺连锁喜家德的对手是谁？是东方饺子王。喜家德创始人是高德福夫妇，他们以前在东方饺子王的厨房包饺子，发现了东方饺子王的盲点。东方饺子王的生意实在太好了，饺子必须提前包好，放在恒温箱里，恒温就是不冻，一煮感觉还是新鲜的。用餐的客户特别多，就要排队，很多客户就等得有点儿不耐烦。

东方饺子王的盲点是什么？是做饺子的同时还做热菜。做热菜，上菜速度和用餐速度就都会慢下来。客户来东方饺子王就是要吃饺子的，高德福夫妇抓住这一盲点，决定满足客户的主要诉求，把饺子变成快餐。真正懂得客户心智的餐饮企业，不是客户要吃什么就做什么，而是餐饮企业做什么，客户就吃什么。麦当劳就是这样，它做汉堡，客户就得吃汉堡。所以喜家德就做饺子，客户到这儿来想吃热菜，是没有的。

有个企业家以前也是做水饺的，他说喜家德做得太好了，来势汹汹，很难竞争过它。我说，你不要与喜家德竞争，商战最好的方法是不战而胜。怎么办呢？你做了水饺，把它放屉上蒸，不就变蒸饺了吗？你专注卖蒸饺，就避开了与喜家德的竞争。后来他把蒸饺做成了品牌。

如何寻找竞争对手的盲点呢？一是分析竞争对手的优势，了解支撑他们发展的是营销手段，还是技术优势，还是创新能力等。二是看到他们的劣势是什么。对方的劣势就是我们的机会。三是为竞争对手建立档案，长期跟踪，就像建立一个情报中心一样，找专人负责，记录与分析。

找到客户的痛点

客户的痛点怎么找？先把自己当客户，在整个体验过程中，记录下让你体验不爽，甚至生气的环节，因为“生气”就是“商机”。然后利用九宫格法推导出客户的痛点。在本子上画一个九宫格，中间写上一字“痛”，然后开始思考用户的痛点一、痛点二、痛点三、痛点四……所有的商机都可以这样慢慢找出来，因为所有的商业都必须从客户的痛点出发，所有的商业都是为了解决客户的问题。要思考解决哪部分人的问题，是解决这部分人的吃的问题，住的问题，还是行的问题……这样推导下去，就能找到痛点。

黄太吉的创始人赫畅发现北京的很多年轻人早晨要么不吃早餐，要么吃的早餐营养不够。而且年轻人早晨忙于上班，他们不喜欢坐到餐厅里吃早餐，大多是在办公室里吃完早餐的。黄太吉抓住这两个痛点，一是做煎饼果子加豆浆，保证营养；二是使用APP订餐，保证快捷和效率。很多年轻人早晨出门坐上地铁就开始在APP上下单，说明几点送到，刚到办公室，黄太吉的煎饼果子加豆浆就送到办公桌上了。

任何商业的变革都跳不出“多、快、好、省”这四个字。

淘宝的诞生是把沃尔玛搬到了线上，更多的商铺，更多的产品，解决了一个字：多。

但电商大多存在一个问题，即物流比较慢，所以京东自建物流，解决了一个字：快。

天猫的诞生解决了一个字：好。

名创优品的诞生解决了一个字：省。名创优品由日本设计师三宅顺也与中国企业家叶国富于2013年共同创办的，借鉴了优衣库平价奢华的理念，两年多的时间在国内开了1200多家店。

这四个字其实就是客户的痛点，如何解决这些痛点，自然就能找到商机。

清楚自身的优点

有三个问题可以帮助你找到自身的优点。第一个问题：什么事情让你乐此不疲？第二个问题：什么东西你学得最快？第三个问题：什么事情你一做就做到最好？回答出这三个问题，你也就明确了自身的优势。

要牢牢锁定自身的优点，最好不要偏离方向。每个人都有自己的优点，只是很多人没有发现，或者没有发挥好。姚明身高是优势，他就打篮球，后来做的工作都和篮球有关系。我也不知道我身上有什么优点，但是当我走进职场的时候，我发现了自身的优点——喜欢做营销，并且喜欢帮助人。

我在禾丰集团销售饲料的时候，收益颇丰，也积累了一定的销售经验。当时我的很多同事基础知识都很深厚、很专业，但是他们的销售能力很差。我就送了他们每人一本书——《世界上最伟大的推销员》，然后带他们去上课。没钱的，我给他们垫上；上完课回来，觉得没效果的，上课的钱我出。

上完课回来以后，我们这几个销售员全部处于癫狂状态，争先恐后地背上包去拜访客户、说服客户，到了养殖场恨不得给鸡说：要吃我家的饲料。不疯魔不成活，我们几个人拼了半年，拿到了 1200 吨的饲料订单。我们老总一看订单就傻眼了：工厂一年才能生产 200 吨，这 1200 吨根本生产不出来。后来我就希望能帮助更多的人掌握营销和销售的技能，于是离开禾丰集团，进入了培训行业。

如何定位——一词占领心智

通过寻找对手的盲点、客户的痛点、自身的优点，解决产品的差异化问题后，企业接下来的问题是：定位如何找？

每个行业都有关键词的定位，企业要知道客户的心智中有哪些关键词还没被占领，并知道如何植入客户的心智，让客户在大脑中形成认知。要问最安全的汽车是什么品牌，一般都会想到沃尔沃。沃尔沃于 1927 年在瑞典哥德堡创立，创始人古斯塔夫·拉尔森和阿瑟·格布尔森一直强调："车是人造的。无论做任何事情，沃尔沃始终坚持一个基本原则：安全。现在是这样，以后还是这样，永远都将如此。"

1959 年，工程师尼尔斯·博林发明了汽车三点式安全带，沃尔沃推出了世界第一款使用三点式安全带的车型，后来这款车型被评为"全球最安全车型"。1967 年，沃尔沃发明了世界第一个后向式儿童安全座椅，再次让沃尔沃走在汽车安全领域的前列。2008 年，沃尔沃城市安全系统诞生，这个系统会自动判断前方物体距离，在车距过近时主动刹车，将风险降到最低。沃尔沃把安全作为核心价值观，植入客户心智，甚至还惊世骇俗地提出要在 2020 年实现"零伤亡"的目标。

安全就是一个词，可以用在车上，也可以用在电脑上、手机上……从 2006 年起，周鸿祎投资 360 进入安全领域，做 360 安全卫士，也做得风生水起。

心智就是在大脑中形成的认知，要让客户形成认知，就要利用心理学，所以营销必懂心理学，商战中最高的战争就是心理战。商务谈判打心理战，国际政治谈判更是打心理战，奥运金牌选手的技术不一定是最好的，体能也不一定是最好的，但心理素质一定是最棒的。企业家每天都面临巨大的压力，所以我们要学习心理学，心理学辅导我们如何更强大。身体的肌肉不会让我们强大，心灵的肌肉才会让我们更强大。从心理学的认知角度来看，了解人的心理需求、人的心理活动，才能找到客户心智中的认知，才能为产品精准定位。

心智模式的五大规律

中小企业正面临前所未有的激烈竞争，市场是买方市场，是消费者主导的营销时代。在买方市场上，消费者将面对更为纷繁复杂的商品和品牌选择，这一变化使当代消费者心智模式与以往相比呈现出一种新的特点。

心智模式中有五大规律，了解了这五大规律，有助于我们了解企业在哪个方向脱颖而出。

第一，心智不会改变

犯了罪的人虽然真心改过，也刑满释放了，但去找工作总会遇到异样的眼光。你的某个邻居喜欢偷东西，小时候你对他的认知就是小偷，过了若干年后，你再遇到他时，第一反应还是有“小偷”的认知。鉴于这种情况，我们做企业，就不要乱给客户输入心智，一定要清清楚楚想明白了再输入。最关键的是顺应客户的认知，不需要改变，不需要输入，才能真正地解决问题。

喜家德卖水饺，叫东北最受欢迎的水饺，为什么不说广东最受欢迎的水饺？因为广东人不吃水饺，这就叫顺应认知。每一个国家、每一个企业、每一种产品，客户都会给贴上标签，形成自己独特的认知，因此要了解客户的心理，善于打心理战，顺应客户认知。

东阿阿胶的经营一度面临挑战，它们的产品虽然铺到了农村，渠道做得很好，但是企业就是没有利润。企业负责人找到了特劳特定位咨询公司寻求帮助。这家公司从客户心智出发，提出了一个问题：中国人认为最好的滋补上品是什么？一般说来，中国人第一个想到的就是人参，第二个是鹿茸，第三个是什么？不知道。

特劳特定位咨询公司提出，东阿阿胶应该顺应中国人的认知。东阿阿胶开始查看《本草纲目》，开篇就是“阿胶，圣药也”。自古以来上等补品除了人参、鹿茸，就是阿胶。东阿阿胶提出这样的认知后，就在山东各大机场、各大高速路牌打广告，说上等补品除了人参、鹿茸，就是阿胶。东阿阿胶属于国资委企业，山东省领导看到这些广告，就问老总秦玉峰怎么帮着竞争对手打广告，说阿胶卖得不好，就是因为人参和鹿茸占领了市场。秦玉峰向领导汇报了这句广告语的来由，坚持用来打市场，结果在市场上大获全胜，现在一年卖400亿元。虽然东阿阿胶产量没有变，但价格涨了几十倍。

第二，心智喜好第一

企业家必须做到四个字，叫作“与众不同”，“众”指的就是你的同行，你的竞争对手，你要与他们不同。怎么才能让客户记住你呢？你想方设法做成第一，就容易被记住。在某一个行业里做成第一可能比较困难，那么就想着朝某一个方向努力争取做到第一。

（1）做到区域第一。

做到区域第一，哪怕这个区域只是自己企业所在的小城市，也是第一，成为区域小王。盘锦有位老板是卖海鸭蛋的，盘锦是一个旅游城市，如果他把海鸭蛋做成盘锦市的城市礼品，所有来盘锦旅游的人都买一盒海鸭蛋，作为馈赠亲朋好友的礼品，那么他就会成为盘锦第一。在通辽这个城市，有个老板就只卖牛肉干，品牌叫行军粮，最后成为这个城市的礼品，老板身价十几亿元。

作为老板，我们要记住，小王也是王，区域小王就是区域第一。当你成为区域第一的时候，在客户心智中，你就是第一，就容易被记住。这时你蓄积能量、财富、人脉、团队，精心打造产品、品牌，然后再向全国布局。王老吉一开始只是在广东市场布局，因为广东天热，广东人吃辣的食物容易上火。经过两三年的积累，王老吉把目标瞄准了全国市场，开始在中央电视台打广告，宣传品牌，2008 年异军突起，火遍大江南北。

做区域小王，是做企业的一个思路，不要贪大，同时也提醒企业千万不要盲目扩张，倒闭的企业大多是撑死的。因为中国的市场太大，很多企业家都控制不住，按捺不住寂寞，经不起诱惑，导致最后业务过多，资金链断裂。

（2）开出新品类，做到品类第一。

我有个朋友叫梁国强，经营一家小企业，做指甲钳，一年销售额竟有 20 亿元。他经常说：小王也是王，但是千万不要卖产品，要把产品卖成礼品，把礼品变成饰品，变成饰品还不够，还要把它变成收藏品。最后他把指甲钳卖成了收藏品，有的指甲钳卖 2000 元一套。

他可以做私人订制的指甲钳，比如说年轻小伙子要追女朋友，在网上订一套指甲钳，就会刻上他女朋友的名字，再刻上一句话：一生为你剪指甲。哪个女孩子收到这样的礼物不感动呢？小小的指甲钳被他卖成了礼品。在专注做指甲钳之前，他有 6 间工厂，做 6 种业务，后来就全部卖掉了，专心做指甲钳。目前公司一共有 9 个人，一年销售额达到 20 亿元，真正做到了品类第一。

（3）做到行业第一。

当你是行业第一的时候，你就是行业霸主，只要你不犯错误，没有人可以阻碍你的发展。就像农夫山泉，它是天然水行业里的老大，只要它不犯错误，就会一直保持发展的势头。恒大集团做房地产很成功，但恒大冰泉水却亏了 40 亿元，恒大房地产实力雄厚，能够填补这一亏空。如果是中小企业，早破产了。所以我们中小企业家一定要明白做区域小王，做品类第一，最终努力的目标是做到行业第一。

我们都知道世界最高峰是珠穆朗玛峰，那么第二高峰是什么呢？相信很多人都回答不出来。第二高峰是 8611 米的乔戈里峰。中国人第一个进入太空的宇航员是谁？杨利伟，相信大家都能脱口而出。第二个呢？费俊龙、聂海胜，说出来这两个人的名字，好多人都会有点犹豫吧。记住一句话：客户喜欢记住第一。

第三，心智容量有限

美国著名心理学家乔治·A. 米勒发表了一篇论文：《神奇的数字

7±2》，提出人的“短期记忆的极限”这个概念。米勒认为人们的短期记忆一次只能容纳 7 个左右，有的可能好一些会记得住 9 个，有的会差一些只能记住 5 个。一旦超过 7 个，人们通常只记得住头尾，而忽略掉中间部分。这也就是告诉我们，在客户的心智中，对任何一个产品的记忆，不会超过 7 个品牌。

在信息时代，客户心智中有什么就会购买什么。比如要买矿泉水，客户心智中已经有了农夫山泉这个品牌，到了超市，就直奔农夫山泉的货架去了；客户要买空调，就直奔格力这个品牌去了。选手机，从心智出发，第一个想到的是哪个品牌？苹果、华为、三星、OPPO、小米……哪个在客户心智中占第一，哪个就是行业老大。行业老大通常占领本行业市场份额的 40%，行业老二通常占领市场份额的 20%。老大和老二就占据了整个市场份额的 60%。所以在对客户心智容量有限的认知中，我们必须做到数一数二。

第四，心智厌恶混乱

心智厌恶混乱，企业不能给产品贴上太多标签，即使一种产品有 100 种功能，也只能提及其中一种。所以我们要善于创造出“一词穿心”的话，植入客户心智中。劲霸男装 1980 年成立，秉持 “一个人一辈子能把一件事情做好就不得了”的核心理念，把“专注夹克几十年，只为中国男人”这句话灌输到中国男人的心智中。劲霸不做女装，不做童装，只为中国男人提供服务，成为中国休闲男装第一价值品牌。海澜之家有一个标签，叫“男人的衣柜”。这个标签广为流传，输入了客户心智。很多男士要买衣服，首先想到的就是海澜之家。

营养还是蒸的好，这句话传遍大江南北，成为真功夫的标签。据说当年蔡达标找人策划，花了400万人民币。飞鹤乳业花1000多万元找特劳特做咨询，设置了很多“一词穿心”的话，经过市场检验，还是这句话最适合：“飞鹤乳业更适合中国宝宝体质。”

哈尔滨有个国仁堂，是中药药房。我们在辅导这家企业时，提出它应该对标中国最好的中药药房同仁堂,策划了一句话,即“一词穿心”,叫“御用同仁堂，民用国仁堂”，御用是指为皇家服务的，民用是指为老百姓服务的,给皇家治病的是同仁堂,给老百姓治病的就是国仁堂。

金立手机，内置安全芯片；小米，互联网时尚手机；三只松鼠，互联网坚果领先品牌……都是一词穿心绝佳案例。凉茶王老吉只有去火的功效吗？其实它有40多种功效，但是不能说，它只说怕上火喝王老吉。如果王老吉说凉茶治肝、润肺、提神、醒目等，就会造成客户心智混乱，客户也就不知道这个产品到底有什么功效。永和豆浆只卖豆浆吗？每一个店里除了豆浆，还有油条、包子、套餐等，但是永和只强调自己的豆浆。星巴克咖啡除了咖啡，还有面包、点心等。所以说，知名品牌广告语的逻辑基本都是一样的，一词穿心，给客户输入一个信号，形成单一认知。

第五，心智缺乏安全感

客户在购买产品的时候是缺乏安全感的，因此企业要解决客户的这一担忧。鉴于此，企业要善于为产品建立信任状。有个富锦的企业家主要是种植大米、销售大米。大米的销售价格大约五六块钱一斤，企业利润不太好。

我们了解到这家企业的情况后，慢慢帮这个企业家找到了信任状。他的大米是种在什么地方的呢？原来在三江平原上有一个岛，周边都是水，这个地方没人愿意去，因为三年中总有一年涨水，一涨水，农作物就都被淹死了。这个企业家就以很便宜的价格把这个岛承包了下来，周边几十公里也没有任何建筑物。我们根据大米原产地的特点，帮他找到了一个最好的信任状。

根据医学研究，我们知道，人患癌症与身体里缺少一种叫硒的元素有很大关系。现在市场上很流行富硒猪肉、富硒大米，富硒食品就是富含微量元素硒的食品。国家地质勘测局勘测出来三江平原有一个天然富硒带，而且富硒带正好路过这个岛，所以我们把这个岛重新注册了商标，叫硒岛，把大米重新改了价格，199 元一斤。如果一个人平均一年能吃上 10 斤的天然富硒大米，就会远离癌症。

食用在天然富硒带下种植出来的大米，人的身体对硒的吸收率能够达到 80%，但如果是用肥料培养出的硒种植大米，人的身体对硒的吸收率只有 8%。比如说，我们吃的很多富硒水果、富硒猪肉，其实身体对硒的吸收并不高。所以我们就为大米找到了它的信任状：一是国家地质勘测局勘测的结果，二是人体对天然硒的高吸收率，它的价格定在 199 元一斤也是理所当然。有一点需要提醒企业家的是，信用状一定是第三方给的，不能自己授予自己信任状。

企业如何寻找信任状

那么企业如何找到自己的信任状呢？有很多种方法，我们简单介绍几个，以期大家即学即用。

寻找第三方的证明

寻找第三方证明，第三方最好是权威机构，或者是有广泛影响力的媒体。就像硒岛大米一样，最后找到了国家地质勘测局给出的证明。吉林兰舍硅藻新材料有限公司生产的兰舍硅藻泥，成为硅藻泥行业的标准制定者，由行业协会认证。鼎泰丰是享誉全球的台湾小笼包专卖店，在北京的分店，虽然客单价300元左右，但是每人吃完包子后都觉得很值，因为它有很多信任状：它是《纽约时报》报道的世界十大美食之一；很多家喻户晓的名人都在那儿吃过，并留下来照片和手印，成龙、林志玲、章子怡……一墙的名人照片。

其实这种包子就是上海的城隍庙小笼包，现在上海城隍庙小笼包一屉48元、28元。但这种小笼包进入台湾后，改名叫鼎泰丰，名字起得非常好。只要去台湾旅游的人，一定要去吃一次鼎泰丰，很多店都是要排队才能吃得上。鼎泰丰成为台湾的招牌美食，成为最高端的包子。

历史赋予的信任状

中华老字号、非物质文化遗产等天然就是信任状，比如王老吉凉茶就属于中华老字号。王老吉凉茶的创始人王阿吉一生嗜医好药，医德又好，不分贫富，不摆架子，只求为人医病。他年纪大了之后，百姓就喊他“王老吉”了。道光年间，广州爆发瘴疠。王老吉历尽艰辛，研制出一种凉茶配方，不仅解除了乡亲们的病痛，还帮助他们躲过了天花等灾难。王老吉从此声名大振，被誉为岭南药侠，还被道光皇帝召入皇宫，封为太医院院令。

1828年，王老吉开设第一间“王老吉凉茶铺”，被誉为“凉茶王”。王老吉曾用几味不值钱的草药给林则徐治好了病，林则徐亲自登门拜谢。在林则徐的启发下，1840年，王老吉首创凉茶包，方便客户携带出门远行。林则徐更是送来一个大铜葫芦壶，上面刻着“王老吉”三个大字。王老吉顿时风靡一时，供不应求。有道光皇帝、林则徐等人的背书，有治病救人的实践，有源远流长的历史证明，这样的信任状不需要任何解释。

使用者是知名人物

信任状和使用者也有关系，如果使用你产品的消费者有很多知名人物，那么这些知名人物就是最好的信任状。有很多知名的足球运动员穿耐克运动鞋，如C.罗纳尔多、罗纳尔迪尼奥、伊布、皮尔洛等人；也有很多知名的足球运动员穿阿迪达斯运动鞋，如梅西、齐达内、劳尔等人。这些明星为耐克和阿迪达斯运动鞋提供了最好的信任状。

在博客时代，徐静蕾成为“第一博主”，虽然她不是第一个写博客的，但却带动了无数网民沉溺于博客中；在微博时代，姚晨成为“微博女王”，掀起了微博大V的混战；在微信时代，咪蒙、六神磊磊等人的公众号，引发了经营自媒体的热潮。这些明星人物所带来的产品的口碑，所引发的消费者的疯狂追捧，不可估量，他们就是产品最好的信任状。

生产工艺

一般说来，客户往往注重产品的功效，对产品本身的工艺则不太了解。如果企业能够从生产工艺中找到差异化，这个差异化就能成为产品的信任状。现在卖得最好的酱油是海天这个品牌，它有一句话，叫“晾晒180天”，这一句话穿透客户的心，成为信任状。这表示生产海天酱油需要晾晒180天，但实际上，所有的酱油都应该晾晒超过180天，其他品牌没说，海天说出了这句话，就抢注了客户心智。

产品的发源地

产品的发源地也可以成为产品独特的信任状。比如说葡萄酒，法国产的就是信任状；矿泉水，来自于长白山、阿尔卑斯山就是信任状；男装，意大利出品的就是信任状；手表，瑞士生产的就是信任状。

客户导图案例

学员：我是一个有13年经验的眼科医生，现在开门诊，主要是小儿眼科，主治近视眼。同时代理美国和日本的两个护眼品牌。希望打造黑龙江省小儿眼科连锁机构。

老师：你的业务定位在小儿眼科，那么你的竞争对手是谁？

学员：公立医院系统里的眼科、眼科保健机构、私立眼科医院、各种眼镜店等。

老师：好，你现在分析一下竞争对手的情况。

学员：公立医院的眼科门诊服务质量不好，患者体验度不高；私立眼科医院部分技术不如我们；某些眼科保健机构是非医疗机构，有点打擦边球；各种眼镜店以配备眼镜为目的，医学专业度不够。

老师：你和这些机构的不同之处在哪里？

学员：我们专做近视眼的保护与治疗，定位是唯一专注于青少年近视眼的医疗机构，专注于青少年的视力保健。斜视、弱视和近视是青少年集中的眼科疾病，其中近视眼所占比例最高，小学生达到50%，初中生达到78%，高中生达到90%以上。

老师：一般医院的眼科都是大而全，你的定位很聚焦，专注于近视眼这个方面，长期专注于此，让你成为青少年眼科专家，也就成为你的信任状。

学员：美国和日本的眼科医院是全球治疗青少年近视眼疾患最好的医院。

老师：建议你顺应这种认知：一是派一些专家去美国学习，拿证书，做学术交流，并且接受媒体的采访；二是你在国内要多做宣传，这些专家的学习证书就是最好的宣传资料；三是你要成为明星式的专家，多维度地建立你的信任状。时间一长，眼镜店就会找你合作，保健机构也会找你合作。

通过此客户导图，我们看到：一是差异化非常重要；二是要分析竞争对手；三是要找到自己的差异化。所以眼科门诊的战略就是做取舍、聚焦，定位在青少年近视眼。通过心智模式找到差异和定位后，还要一词占领心智，最后要形成青少年容易患近视眼，患近视眼就要找你的眼科医院来治疗。品牌效应一旦形成，就有了独特的竞争优势。

作业

企业基础信息

企业名称	
主营产品	
姓名	
联系方式	
您的职务 （老板/高管/股东）	
成立时间	
2016年营业额	
2017年营业额	

企业自身的优 / 劣势分析

（从多角度分析，比如产品、服务、团队、品牌认知度）

优势	
劣势	
核心问题	

竞争对手是谁

（名称＋顾客认知＋优劣势＋对手排名）

序号	对手名称	顾客认知	优劣势	对手排名
对手1				
对手2				
对手3				
对手4				
对手5				
对手6				

绘制心智地图

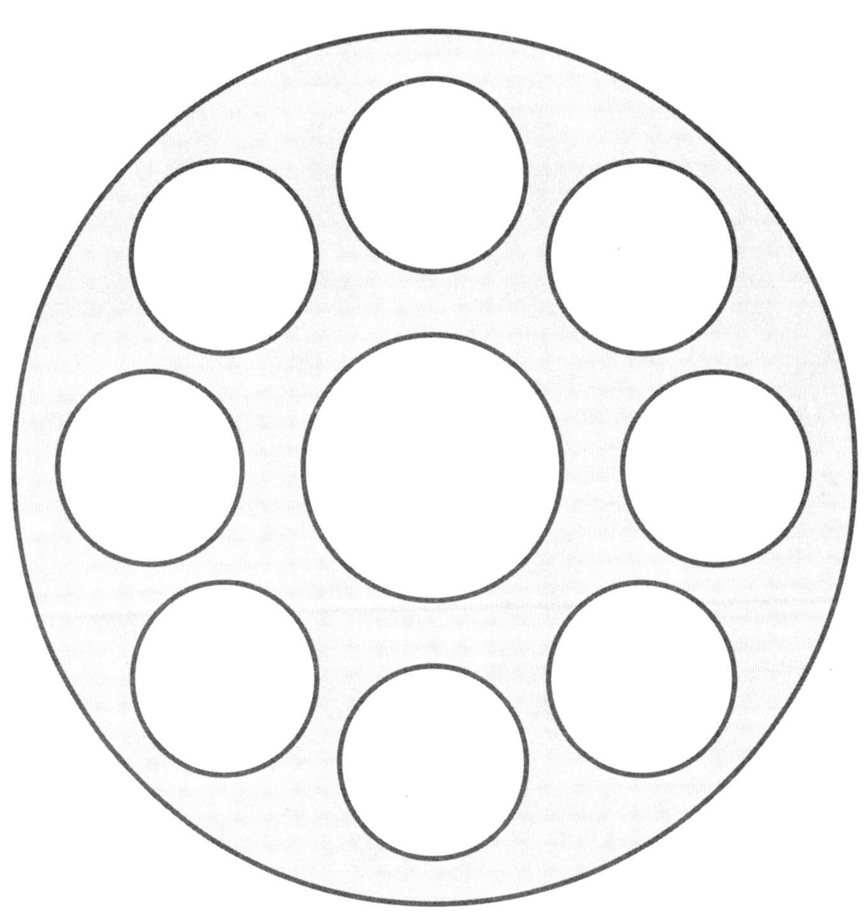

案例：感冒药心智地图

对手
顾客认知
白加黑 1994年
日夜分明
护彤 2002年
儿童感冒用护彤
康泰克 1989年
早一粒晚一粒
远离感冒
百服宁 1998年
日夜分服
感冒药
泰诺 1993年
30分钟缓解
感冒症状
三九感冒灵
中药配方，治
疗感冒去根
康必得
中西结合疗效好
感康 2003年
针对病毒治感冒

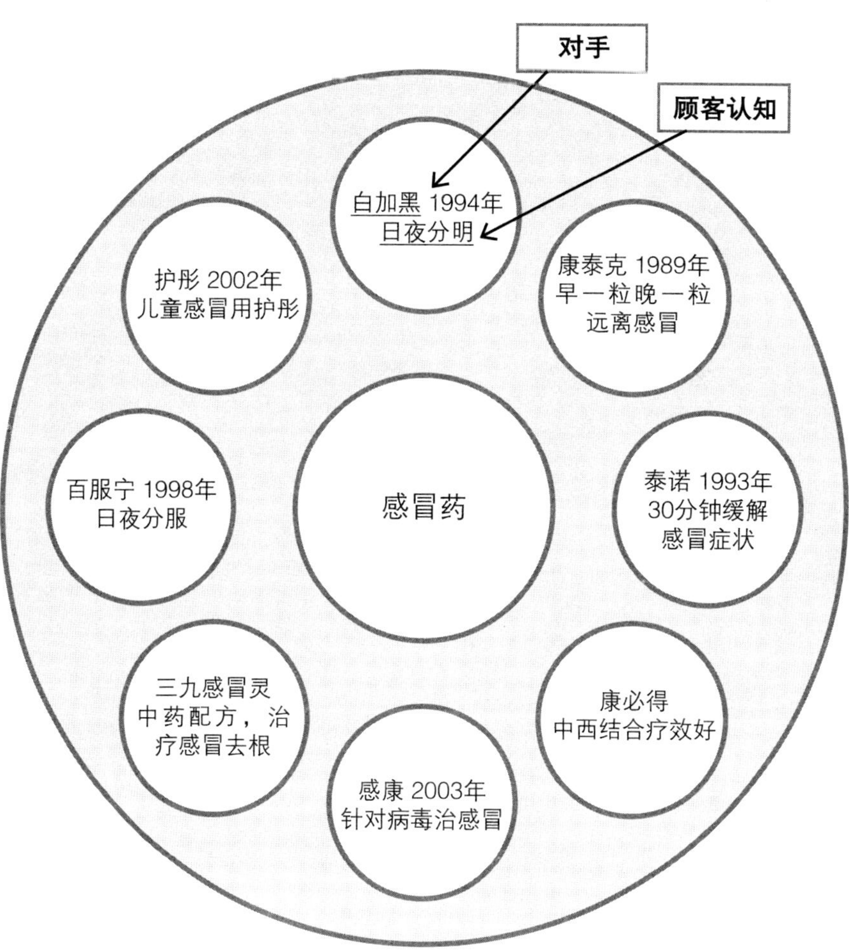

产品信息

品牌名	
品类名	
一词穿心	
信任状	

企业的战略配衬图

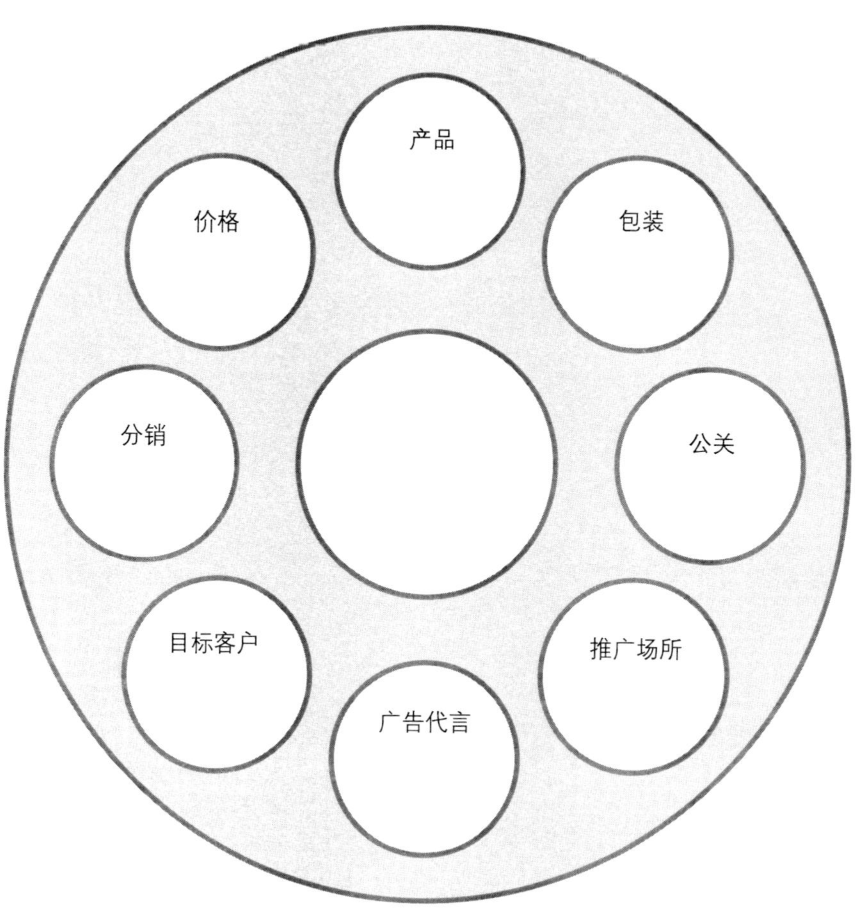

案例：百事可乐战略配衬图

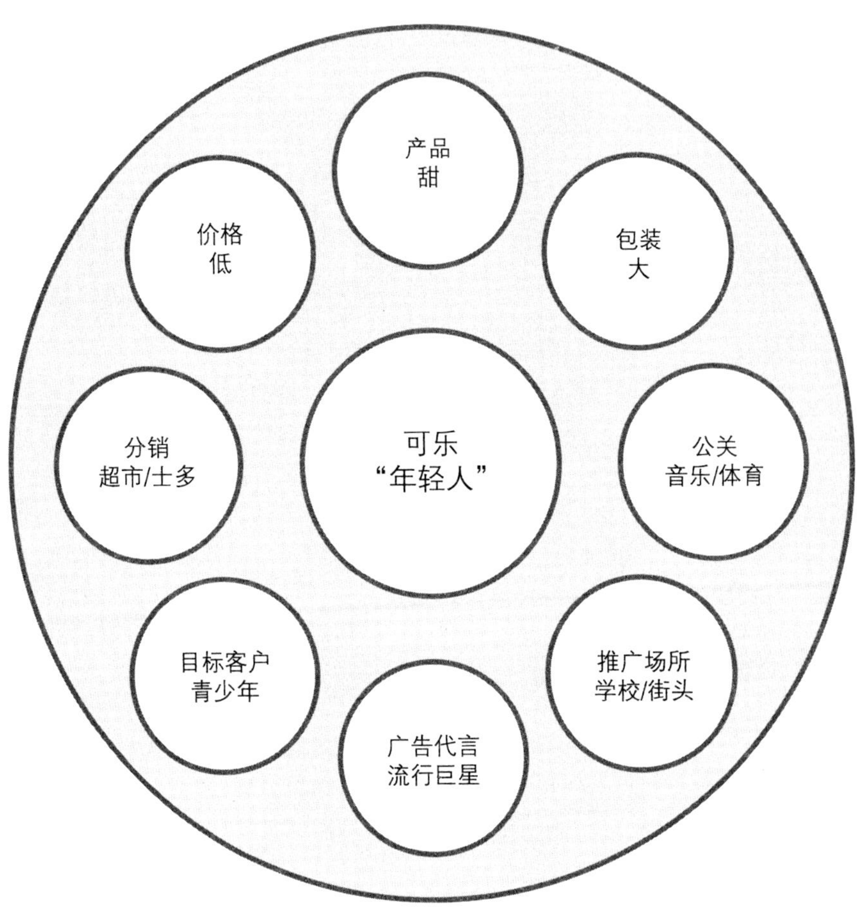

Part 2

产品矩阵

产品矩阵图

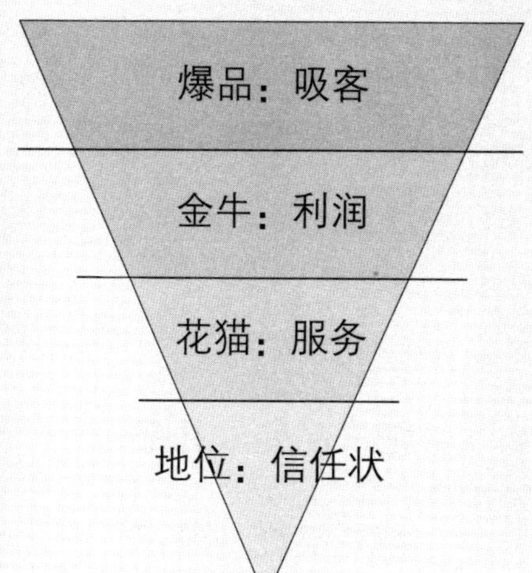

中小企业在产品上出现的核心问题

无爆品

为什么中小企业没有打造出爆品

不聚焦

把产品变成礼品

把礼品变成饰品

把饰品变成收藏品

每个企业都有自己的产品，不管是有形的还是无形的。企业有了明确的定位后，紧接着应该关注的就是产品，也就是我们所说的产品矩阵。

在信息时代，中小企业面临的最大问题是没有爆品。很多企业有一堆产品，却没有一款产品是爆品。

什么叫爆品呢？爆品有别于畅销品，它不仅持续热销，而且会得到客户的一致追捧，让客户有为之疯狂的感觉；它成本低，但价值高，有升值的空间；它是企业的拳头产品，为企业创造更多的利润。比如王老吉的罐装凉茶就是爆品，小米手机就是爆品；黄太吉把煎饼果子做成了爆品，永和豆浆把豆浆做成爆品。互联网公司最看重爆品，传统企业也必须有爆品，才能有立足之地。

爆品的四大特点

简单

产品一定要简单。有人说："产品的设计原则就是简单、简单、再简单。"手机是越用越简单，这要归功于乔布斯。他说，当你把产品做到最简单的时候，你将无所不能。乔布斯被公司开除，是因为做了一款叫"牛顿"的产品，极其复杂，给公司带来极大的亏损。他回到家后，邻居送给他一本书。阅读完毕后，他开始思考复杂与简单的关系。重出江湖后，靠"简单"两字，他重铸苹果公司的辉煌。苹果成为世界上最有价值的公司，全因其简化的产品，功能减少，并且开发出了可靠的应用和设备。让产品的设计变得简单，才能使功能清晰、主题明确。

世界上最好的产品都很简单，因为人们不喜欢复杂的东西，所以老板们要去思考怎么把产品做到简单化。麦当劳、肯德基连锁店能不能经营呢？只要按照它们的流程要求去做就可以经营，因为简单可操作，所以麦当劳、肯德基连锁店扩张特别快。当用户使用我们产品的时候，马上知道产品能够满足什么功能，这就是一款好产品。产品的功能越复杂，用户就越难以理解，所以最完美的产品永远是用起来最简单的产品。

苹果手机就是最典型的代表，产品设计简洁大气，功能清晰。而我们的中小企业常犯的一个错误就是做一个产品恨不得囊括所有的功能，并且热心地推荐给用户，结果导致用户心智混乱。如果企业做产品只聚焦到一个点上，比如产品的安全、时尚、商务等特点，就能找到让产品脱颖而出的突破口。

极致

产品做到简单还不够，做到极致才无可挑剔，极致就是产品追求完美。对产品进行包装和讲故事是做极致产品的方法之一，目的是把产品变成艺术品。我们卖用箱子装的特产鸭蛋，每个箱子里都巴不得多塞几个蛋，塞得满满的，箱子也很粗糙，运到客户家里鸭蛋碎了不少，客户特别不满意。如果是日本人卖箱子装的特产鸭蛋，他们的包装很可能是一个箱子只装一个蛋，里三层外三层地进行包装，非常精美，然后给客户讲故事，说鸭子一年下一个蛋，讲得客户口水都流出来了。客户欢天喜地地买回去了。

中国人卖箱装的鸭蛋就像北方人做饭，总是怕别人吃不饱，菜的分量都很大。东北人请客时，菜点少了，觉得不够意思；点多了，吃不完剩下，又爱面子不打包，就很浪费。北方人应该向南方人学习，上海、广州那边的饭菜，一是饭菜品种多，二是菜量少而精致，每一道菜都做到极致。

俗话所说的“一针捅破天”，强调产品的单点极致，也是极致产品的体现。每个企业都可以根据自己的产品情况和市场情况，确定是追求单点极致还是完美产品。这几年手机产品更新换代特别快，功能、外形设计等越来越完美，各手机品牌商都在打造单点极致的产品。同仁堂有一副对联："炮制虽繁必不敢省人工，品味虽贵必不敢减物力。"药材里每一味材料稍微变化一下，患者可能不知道，但是同仁堂也会坚持选用最好的原材料，做最好的药材，做最完美的产品。

有口碑

产品被消费者用完之后却没有形成口碑，那么产品就废了，代表企业的营销动作需要再重新来一遍。有一句话说得好："金杯银杯不如老百姓的口碑。"口碑就是口口相传。产品必须有口碑，如何制造口碑呢？

首先要保证产品本身的质量。其次要善于制造各种话题，比如，苹果手机当时没有外置天线，客户都说信号不好，就天天讨论，一讨论就变成话题了，传播就非常快。真功夫的碗做得都很大，客户吃的时候发现是半碗饭，感觉吃不饱，其实吃不饱就是话题，容易引起客户的吐槽：去吃真功夫，竟然没吃饱，为什么呢？因为太好吃了，下次还要去。这是真功夫精心设计的话题。话题容易引起客户的广泛讨论，企业再加以正确引导，就容易形成口碑。

小米手机在推出之后，不断有用户反映各种问题，小米的工作人员予以正确引导，解决用户提出的问题，让用户也参与到解决问题中来，然后手机随着客户问题的解决也不断地更新换代，就形成了口碑营销。

流量

产品有了口碑之后，在互联网时代下，自然就会有流量。微商 159 这两年火遍大江南北，有一次我问他们，现在有多少代理商。老板说，有 10000 个代理商。每天有 10000 个人在朋友圈和各种群里发同样的东西，按照一个人通过朋友圈和群影响 1000 人来计算，就有 100 万人知道微商 159 的信息。这些人就是流量。流量的背后是数据，数据的背后是商机。

打造不出爆品的三大思维障碍

为什么中小企业打造不出爆品，原因就是做产品不聚焦。本来中小企业实力就比较弱，资金比较紧张，人才匮乏，但企业家呢，偏偏还想法比较多，想做的产品比较多，什么赚钱就干什么，俗话说得好："脚踏两只船，早晚得翻船。"

我有个开茶叶店的企业家朋友，他只专注开茶叶店，开了一万多家店。有一次他到国外参加活动，有记者采访他，问他开了多少家店。他说开了一万多家店，采访他的记者瞬间傻眼了。他觉得很正常，没什么了不起。很快很多媒体记者都过来采访他。一万多家店！世界顶级啊！他把茶叶店开到了全中国，开到了俄罗斯，开到了东南亚……他自己都不知道他已经是世界第一了。后来他的案例被哈佛大学商学院收藏了。这就是专注与聚焦的力量。

我们需要了解的是，企业打造不出爆品，往往与企业家的三个思维障碍有关。

挖坑思维

所谓挖坑思维所带来的后果首先就是产品延伸。有些老板就喜欢挖坑，总觉得只要是赚钱的生意就要做。例如你的专业本来是治疗近视眼，但是发现患青光眼的顾客也络绎不绝地来到你店里，此时你就容易失去焦点，难以再专注治疗近视眼，而是拓展，开始治疗近视眼、青光眼等眼疾，这就是产品延伸。你是做水饺的，有五种水饺，已经很受客户欢迎了。然后你延伸出第六种、第七种……最后什么馅儿的水饺都有，满足更多客户的需求，但最后导致每一种水饺做得都不好吃，把自己的特色牺牲掉了。

还有的企业进行跨行经营。你本来是做早点的，但是周围有家卖服装的，效益还不错，你就收购一家服装店来经营。有一位老总是卖钢材的，却还开着理发店，后来他看到教育培训行业大热，又开始涉足教育行业。这种做法，时间久了，必死无疑。

这些年很多其他行业的人信心满满进入餐饮行业，不多久又灰头土脸地退出。经营一家餐饮企业看起来好像很简单，但如果你是从其他行业进来的，从没有过经营餐饮企业的经验，那么你的失败概率几乎在 99% 以上。因为这个行业现在越来越细分了，以前一个好厨师就可以做餐饮了，现在餐饮企业的老板除了雇佣好厨师外，还会拿出更多的精力研究市场、研究客户。

还有的企业家说是鸡蛋不能放在一个篮子里，为达到分散风险的目的，就会进行投资，但他们往往是乱投资，风险极高。有个老总投资了十几个企业，结果是严重亏损。相信在当前的企业界，这样的现象不在少数：老板挣了一点钱，投七八个企业，分别是不同的行业。我们的理念是：一定要聚焦在自己的企业上，把钱投资在刀刃上，因为钱种在哪里，哪里就会长出果实。如果你现在特别有钱，成为一个投资人，那就努力做一个专业的投资人。实业家就是实业家，投资家就是投资家，这两者要区分开来。

复制思维

复制思维容易产生跟风，这样总会晚人一步。我们可以学习一切好的方面，例如向日本企业界学习做包装的设计理念。但中国企业的一大痼疾就是复制、山寨、抄袭别人，缺乏创新能力，对创新研发不愿意投入，就想着走捷径，喜欢复制，因为复制比较简单，不需要投入人力物力财力。

十几年前，广州、深圳等地一夜之间就涌现出300多个MP3牌子，与三星、索尼等品牌的mp3一起摆在电子商场的柜台上，让客户眼花缭乱。这种现象已成为中国企业的耻辱。有很多好产品刚上市，各种复制或者山寨产品就会大行其道，导致很多种产品撞车，再加上复制的产品生命力很短，其实很多山寨别人产品的企业并不赢利。而复制或山寨产品的泛滥，必定挤压创新的空间，导致我们的企业永远处于模仿别人的水平。

不舍得投入

首先，企业家不舍得把钱投入到学习中去。很多人可能不认同这一观点，会反驳说，他们天天花钱上课，怎么不舍得把钱投入到学习上呢。问题是，你经常去上课、去学习了，你的员工呢？你对他们的成长投入多少呢？反问自己一句：如果你赚了一千万元，你有多少钱是投入在学习上的，尤其是员工的学习上的？

台湾的王品牛排旗下有 14 个品牌，他们的理念是游百国吃百店。他们的员工可以随便到台湾地区任何一家餐厅去吃饭，吃完之后就学到的一些东西写一篇文章，被主管审核通过后，那么公司就给员工报销餐饮费用。他们鼓励店长出去吃饭，鼓励达到一定级别的店长游百国，就是到世界各地去旅游。旅游的时候，店长吃当地的特色食物时，看到哪个项目很好，回来后立项，总部审核通过后，就进行投资，店长就成为这个项目 10% 的持股人。

这一理念给公司带来了丰硕的成果，王品旗下 14 个品牌都是由员工研发出来的，这就是王品对员工学习投资后所获得的更长远的收益。

其次，企业家不舍得把钱投入到研发中去。没有研发就没有前途，世界 500 强的任何一家公司，每年都会把收入的百分之五到百分之十投入到研发上。苹果公司把销售权授权出去，但研发必须保留在总部。十几年来，华为对研发已经投入了几千亿元。据欧盟委员会 2016 年 12 月底发布的“2016 全球企业研发投入排行榜”，华为以 83.58 亿欧元（608 亿元）研发投入位居中国第一、世界第八。而我们的中小企业呢？每年投入到研发中的费用占比为多少呢？更致命的是，很多中小企业的老板都没有研发意识，何谈创新和超越呢。

如果解决了上述三个思维的障碍，那么如何打造爆品呢？

打造爆品的四大步骤

第一步，筛选产品

筛选产品是指在企业原有的多种产品中进行筛选，筛选的标准有四个，即所谓“四眼看天下”，第一个看风口，也就是看趋势。在中国，未来的商业趋势是什么？我们认为其中四大产业未来会是主流产业，与这四大产业相关的商业都是机会。这四大产业叫“游养娱教”。

“游”指旅游产业。中国每年旅游产业创造的利润以 33% 的速度递增，国内的任何一个景点，一到节假日便人山人海；去海外旅游的人数也大大增加，好多国家都为中国人过去旅游开绿灯。

“养”指养生，即健康行业。因为不安全的食品、被污染的环境、工作压力大等各种原因，中国人患病概率与以前相比大大上升，几乎人人都是亚健康。所以与健康、养生有关的产业会成为未来主流产业。

“娱”指娱乐产业。竞争、不安全感等带来的压力，让大部分中国人都感觉太压抑，需要靠娱乐来排遣。这几年，电影行业非常火爆，质量一般的电影票房也能到几亿元，甚至十几亿元。

“教”指教育产业。2004 年天童美语成立，专注做儿童外语培训。2007 年天童美语的销售额大概 5000 万元左右，十年后，他们的销售额达到了 10 亿元。天童美语的增长速度就说明了教育产业的未来一片光明。

第二个看产品。在众多产品中，哪一款产品才符合未来发展的趋势，才是最有发展潜力的？首先看产品的营业额是多少，其次看利润率是多少，再次看用户的回头率是多少。解决了这三个问题，就可以判断出哪款产品代表企业的未来了。

第三个，看客户。客户的口碑是衡量产品价值的最佳标准。买手机，客户的第一反应是哪个品牌？买西服，男士们的第一反应是哪个品牌？……如果产品不能在客户心智中占有位置，不能形成口碑，就不能作为爆品。

第四个，看对手。你的产品和对手的产品有没有差异化。对手没有的产品你有，对手有的产品你做到最好，那么这款产品就可以作为爆品。

第二步，聚焦与研究

根据上面几个标准筛选出产品后，企业就要聚焦发力了，把人、财、物等资源聚焦在这款产品上，进行深度研究。你的企业是卖黄酒的，就要把所有品牌的黄酒都买过来，品尝品尝再品尝，分析别的黄酒卖得好的原因是什么，是产品本身就特别好，还是包装好，还是渠道好？然后找到自己黄酒的差异化；但是这还不够，还要研究白酒。把茅台、五粮液、洋河蓝色经典等都买回来，然后问自己为什么买，是心理价格还是实际价格？这些酒卖得好的原因是什么？是定位好？产品的差异化好？……

企业组织人员天天研究，一个月不行，那就用半年的时间，半年不行那就用一年的时间，照这样研究下去，一定会成为行业里的专家。成为行业里的专家后，企业才能成为赢家。

第三步，找到爆品的四大支柱

要打造一款爆品，必须找到爆品的四个支柱。

第一个就是要有个好名字，好名字是成功的一半。营销型企业家一定要学会给产品起名字。我们的课程名字叫“利润导图”，就直指核心，解决企业家最关注的问题；然后进阶课程叫“营销私塾”，就突出了精英圈子、精华课程、亲自辅导、私密性等几个特点。奔驰、宝马、王老吉、老干妈、三只松鼠……这都是好名字。

好名字一般都具有以下特点：

一是直击卖点。比如，立白洗衣液，这个名字就可以让人理解为“立刻白”，这个名字就是产品卖点，直接输入人们的心智，即“用了这种洗衣液衣服能立刻白”。在中国人的心智中，早就有“良将辅明主，宝马配英雄”的认知，驰骋沙场的英雄人物骑着宝马，英姿飒爽。宝马作为汽车的名字，直接与人们的心智相关联，卖点一眼就看明白。

二是简单、易记、朗朗上口。若我们注意搜集与分析国外品牌的名字，就会发现外国人给产品起名字，用了很多动物的名字，比如汽车品牌里，有捷豹、路虎、宝马；保时捷、兰博基尼的品牌 LOGO 上有一匹马；标志汽车的 LOGO 是一头狮子。这就是把大家都熟悉的形象加上品牌的特点输入到客户的心智中去。

三是切忌模仿。看到好名字，我们可以学习、借鉴其起名字的理念与思路，但绝不能模仿。比如，洗护用品飘柔，就很巧妙地直击产品的卖点，又简单，朗朗上口，但是你的洗护用品就不能叫飘飘，韵味顿无，显得很拙劣。

如何起个好名字呢，我们提供三个策略以供参考。

一是功效起名法。客户听到这个名字后，就能明白产品的功效是什么。比如有的产品叫排毒养颜胶囊，“排毒”“养颜”就是产品的功效。比如祛斑霜、酸奶肠道通，等等，这些都是带着功效的产品，有此需求的客户会尝试着使用。

二是情感起名法。市场上畅销的很多产品的名字与广告语都是带有情感的，比如方太油烟机——“有家、有爱、有方太”；美的电器——生活可以更美的。很多知名品牌都在传输情感，因为中国人看中家庭情感、兄弟情义、民族情结。比如华为的名字，看到后就想到“华人必有作为”。产品若跟情感关联起来，击中客户内心，就更容易占领客户心智。

三是原有心智起名法。何为原有心智？就是通过时间的积累或者其他认知，在客户心目中早已形成的认知，占据了客户的心智。比如在我们中国人的心智中，长城早就被输入进去，提到长城油然而生一种自豪感。所以长城汽车就巧妙运用了客户的原有心智，用长城作为汽车品牌。青岛啤酒源于德国，当时青岛是德国的租界，德国人没有啤酒喝，就建了啤酒厂自给自足。德国人撤退后，留下了啤酒厂，所以人们会认为青岛啤酒是比较好的啤酒，因为人们相信德国人的产品品质好。这也是用了原有心智。

第二个是包装。好产品需要有好包装，好包装会增加产品 60% 的价值。这里说的包装不仅仅是指一般意义上的产品的外包装盒，比如引起客户反感的天价月饼的包装盒。我们所说的包装主要是指为产品塑造价值，通过讲故事、建立信任状等方法，提高产品的价值。世界上第一双运动鞋是阿迪达斯，但是后来耐克超越了阿迪达斯，它是怎么超越的呢？

耐克讲了一个很好的故事，请了乔丹做代言人，拍了一则广告。广告内容是乔丹第一场投篮不进，被罚下场；第二场，乔丹出现，投篮又不进，又被罚下场；第三场，乔丹出现……连续七场投篮都不进，被教练罚下来坐冷板凳。接着镜头一换，乔丹拿起篮球，穿上耐克运动鞋，再上场，跟对手只差一分的时候，乔丹投了一个三分球，球队领先；第二场乔丹又拿着篮球，又穿耐克运动鞋出场，腾空投篮，成功，连续几场投篮，乔丹都成功了。接下来，电视中间出现一片雪花。雪花中，乔丹拿着篮球，穿着耐克运动鞋，走出来，说了一句经典的话："因为我失败，所以我成功，耐克球鞋。"

耐克卖得不是鞋，而是一种运动精神。由于乔丹的影响力，这个故事植入到美国人的心智、全世界热爱运动的人的心智，因此耐克逐渐打开了全世界的市场。

第三个是好的卖点。好卖点就是产品的定位需要一词穿心或者一句穿心，能够用一句话说清楚为什么能够让客户购买，一句话说清楚卖点。提起ZARA，就会想到它是“奢侈品的复制品”，简称快时尚。卡地亚，一句话说清楚，就是帝王的珠宝商。这都具有一词穿心的力量。

好的卖点有三个特点：一是让客户觉得能占到便宜。有时候客户不一定需要买东西，但是如果感觉能占到一点儿便宜，就会购买。总之人们喜欢占便宜的心理是很难改变的。二是要物超所值。三是要制造稀缺感。任何产品只要无限制地供给，就代表不值钱。稀缺的产品不代表不能生产，而是说明供应不上。制造稀缺感不是不提供服务，而是为了提供更好的服务。

第四个是有好的服务。好的服务会让产品提高三倍的价值。这一点是国内企业急需提升的，韩国、日本和新加坡在这方面有很多值得令人学习的地方。在新加坡，进出机场的效率很高，原来新加坡人管理着全球三分之二的机场与五星级酒店，所以他们的服务是受到全世界认可的。建议做餐饮的企业家有机会去台湾地区学习。那儿的餐饮集中了多国的服务特色，又结合台湾地区的需要进行了改良，像卤肉饭这样的快餐服务，就有160家上市公司。

在中国，人多、机会也多，而提供最好的服务就是最大的机会，所以中国未来最大的产业是服务业。发达国家的服务业所创造的收入占整个国民生产总值的60%以上，而中国当前的服务业还比较落后，所占GDP的比例远远低于发达国家，中国未来发展的重点在服务业，因此我们要看到这个趋势，提高自身服务水平。

第四步，做研发

对企业来说，最重要的是如何研发爆品？我们提供几个思路。

一是找到本行业或者本产品的国际标准，对标世界上最好的企业或者最好的产品，把这个企业和产品作为自己努力的标杆。如果你的企业是做葡萄酒的，那么你就要去法国考察，以法国最好的葡萄酒作为标杆，不能局限于国内的品牌。如果你的企业是做教育培训的，那么你就要以美国的亚伯拉罕、汤姆•霍普金斯等人为标杆。因为世界500强公司都在运用他们的理念，亚伯拉罕深度了解400种行业，参与过1万家公司的营销工作，创造了70亿美元的市值，被《纽约时报》评为有史以来最会赚钱的人。名创优品的创始人叶国富说："今天的名创优品不是我在家中创出来的，而是我走世界看出来的。"所以我们一定得走出去看看，找到国际标杆，学习国际上的先进企业经验。

二是借鉴、创新、超越。第一步是借鉴，第二步是创新，第三步是超越。阿里巴巴借鉴了易贝（eBay），百度借鉴了谷歌（Google），滴滴借鉴了优步（Uber）。借鉴国际上优秀企业的商业模式，结合中国市场和消费者的特点进行创新，阿里巴巴成功完成了对易贝的超越，成就了自己的商业帝国，滴滴合并了中国优步……借鉴、创新、超越，是目前中国大部分企业走向国际的路径。

三是成立研发中心。研发什么？研发产品，用工匠精神打磨产品；研发自己和对手，对自己和对手都要非常了解，"知己知彼，方能百战百胜"；分析和研发客户需求，研发市场，掌握第一手数据；研发行业趋势，把握未来。

产品分类

任何一家公司都要对自己的产品分类。美国有家机构研究了世界500强公司，发现它们有一个共同的特点：把产品都分成了四类。

爆品

第一类，叫作爆品，也被称之为大熊产品，主要是起到引客上门的作用。这类产品的特点是质量高，客户满意度高，现金流高，但利润薄，是企业的拳头产品，目的是提供给客户超值的体验，让客户成为企业的忠实消费者。比如永和豆浆，豆浆就是爆品，客户进来后除了喝豆浆外，可能还要吃包子，鸡蛋等，那么豆浆就起到引客的作用。

金牛产品

第二类，叫作金牛产品，主要起到留客的作用。这类产品的主要特点是利润高、现金流好，属于“双高”产品，是企业的主要利润来源，为企业现阶段的拳头产品。比如永和豆浆，豆浆把客户吸引进来后，油条、包子等就是金牛产品。

花猫产品

第三类，叫作花猫产品，主要起到增值的作用。这类产品的主要特点是销售额低、利润也低，属于“双低”产品，大多是附加或者赠送的产品，公司可以不追求利润，目的就是为了提高客户满意度。比如现在很多图书套装，再附赠一个精美的小笔记本，这个小笔记本就是花猫产品。

地位产品

最后是地位产品，也叫瘦狗产品，是企业的战略性产品。这类产品的主要特点是现金少、前景好，虽然目前销售额不高，客户数量少，但它是企业未来的核心利润来源。

就拿奔驰车来说，奔驰引客的产品是C系车，价格30多万元，很多人都能买得起。我们公司的一个小伙子就特别喜欢奔驰车，买了一辆奔驰C系。我对他说，不久你就会后悔，因为这是奔驰入门级的车，你开一年之后，就会觉得奔驰S系太好了，你会想方设法换S系的。S系100多万元一辆。一旦开过奔驰S系，又会发现奔驰其他系的车更好，心痒痒的又想换。大众也是这样，如果说捷达、桑塔纳是爆品，那么奥迪就是金牛产品。

所有公司的产品都需要设计，入门级产品、赢利的产品、定位级产品分别是什么，该如何打造，产品策略是什么？这是一套系统，需要企业家们深度研发与设计。

作业

打造爆品的四大支柱

好名字	
好包装	
好卖点	
好服务	

案例：培训课程之利润导图

好名字	利润导图
好包装	熟悉品牌关联美国、关联科学、关联世界第一营销大师理论（代言人可以是产品、产地）
好卖点	从营销创新到利润倍增
好服务	集中式咨询培训，实效、简单、专业的运营团队

Part 3

客户管理

客户分类

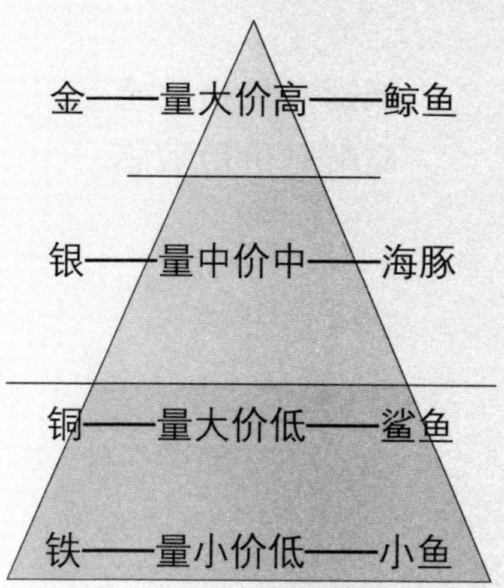

客户认知

低价＝低质

高价＝高质

低端对价格敏感
高端对价值敏感

10－8＝2
8－8＝0
7－8＝-1
10－8＝2
12－8＝4
16－8＝8

锁定高端人群

锁定低端中的高端

锁定穷人中的富人

客户管理就是深入分析客户的详细资料，来提高客户满意程度，从而提高企业竞争力的一种手段。客户关系是指围绕客户生命周期发生、发展的信息归集。客户关系管理的核心是客户价值管理，通过“一对一”的营销原则，满足不同价值客户的个性化需求，提高客户忠诚度和保有率，实现客户价值持续贡献，从而全面提升企业的赢利能力。

顾客与客户的区别

大部分企业没有客户，只有顾客！

这句话绝不是危言耸听。作为企业家，我们要重新认识一下这两个词：“客户”与“顾客”。客户是什么？客户是受保护者；顾客是什么？顾客是一次性消费者。而很多企业并没有保护他们的客户。举个例子来说明。

有个人到五金商店去买一把锤子和一个钉子，两个加在一起一共50块钱。售货员问这个人："你买锤子、钉子做什么用？"这个人说："要在我家的厨房钉一个钉子，把毛巾挂上去。"售货员说："您不用花50块钱买锤子和钉子，只需要花2块钱买一个粘钩，贴在墙上，就解决了挂毛巾的问题，还不破坏墙面。"

一般说来，顾客要买50块钱的东西，售货员鼓动三寸不烂之舌，恨不得让顾客买100块钱的东西。这个人本来是要花50块钱买东西的，而售货员了解情况后，只让他花了2块钱就解决了问题。如果客户买了50块钱的东西，这个店大概能够赚5—10元，而客户买了2块钱的东西，这个店大概能够赚0.2—0.4元。这个售货员为什么这样做？这就是对待客户与顾客的不同。如果你把消费者当成顾客，一次性消费者，那么他们就真的是一次性消费者，再也不会重复购买了。如果你把消费者当成客户，受保护者，处处为他们着想，最终客户也会处处为你着想，会成为你忠实的消费者。

所以，我们说很多企业没有客户，因为没有想到保护客户，只是想方设法让他们消费，消费得越多越好，导致这些消费都成为一次性的，没有真正地让客户心甘情愿地跟企业消费一辈子。如果想让客户消费一辈子，企业必须对他进行保护。

好几年前，我去台湾时，和朋友在百货公司闲逛，突然看到一个品牌的运动鞋，New Balance，美国原版，标价是1万台币，大约人民币2000元。我看来看去，感觉这个鞋不错。一旁的服务员说，这是总统慢跑鞋，在美国算是比较贵的运动鞋。本来我也没有心思买，一是价格还比较贵，最主要的是这是一双运动鞋，穿不了几次。

服务员说："您很喜欢这个品牌吗？"我说："是啊，听说很多名人都穿这个鞋。"服务员说："您方便的话，试一下？"我心想："反正也不买，先试穿一下也无妨。"我脱下鞋子就要试穿时，服务员推过来一个机器，说："先生，先量一下您的脚。"买鞋之前还要量脚？我疑惑地看着服务员。他说："是的，先生，您的脚多大，我们必须要量一下。"量完后他说："先生，您的脚是41码，穿41码的鞋。"我说："不对，这么多年来我一直穿40码的鞋。"他说："以国际的科学保健标准来看，您应该穿41码的鞋子。按照医学原理，您应该要穿大一点。欧美人很注重这个，他们的鞋子、衣服比我们的都大一码，穿得宽松一点才健康。您上午穿40码的鞋子一定是正好，下午就会有点挤脚，因为下午脚会肿胀一点。肿胀之后血液不通，所以人老脚先寒。"

听他说完，我马上乖乖地试穿41码的鞋子。穿上之后，怎么都感觉鞋子太大了，就是不习惯。41码、40码，我试来试去，心想服务这么好，还是买一双吧，最后还是执意买了一双40码的。我和朋友离开百货公司在旁边饭店吃饭。朋友说："你还是去换过来吧，万一你回去之后穿着小，再飞回来换，那成本就太高了。"我也心动了，吃完饭我们又回到百货公司，换了41码的鞋。回到家后，我把所有的鞋拿出来挨个试，好像都有点小，后来就把所有40码的鞋都淘汰了，从此穿41码的鞋。

我以后去台湾，还会去那个百货公司再买一双鞋，因为它不是单单卖给我鞋，它是在保护我的脚。我不是它一次性的顾客，我是它一辈子的客户。我相信这种理念：企业的客户不需要太多，只需要客户重复消费就够了，因为企业真正赚取的利润90%都在后续的消费上。这个理念提醒我们：如果只是把消费者当顾客，那么每次都要重新开始营销；企业要将顾客变为客户，一辈子的客户。

新加坡有一家这样的餐厅：你进餐厅吃饭之前要先测试一下，测试完之后，根据你的身体状况给你配餐。你如果被测出来有高血压，就给你配鱼、西芹、菠菜等菜品；如果你被测出来血糖高，就给你配备黄瓜、苦瓜、洋葱等为主的菜品。现在生活节奏过快，很多人每天都不知道自己吃什么才好，这家餐厅不仅给你安排好了吃什么，而且还根据你的身体状况做如此贴心的服务，保护客户，试问，哪个人不愿意成为它们一辈子的客户呢。

客户管理解决的四大问题

选对客户

选对客户就是搞清楚你要服务哪个群体，服务谁？你想服务所有人，是根本不可能的事情，根本服务不了。如果你只服务 1000 个人，这 1000 个人，每人每年能消费 10 万元，那你企业的营业额一年也有 1 亿元。所以你服务的人数不在于多少，而在于精准。要真正搞清楚到底要服务什么样的人，男人还是女人？老人还是孩子？中产阶层还是底层老百姓？每个群体、阶层都有自己的特点。

所以对于你服务的群体，还要进行细分。比如你的产品主要消费者是男人，再细分下去，你就要问，是什么样的男人？成功男士还是普通男士，企业老板还是政治精英？如果你的产品主要为女性服务，那么对女性还要继续细分，服务什么样的女性？是中年女性还是青年女性，是职场女性还是家庭主妇？世界 500 强企业都在服务自己的精准客户，我们是中小企业，更要清楚，在这个时代，为自己选择的一个群体提供精准服务。

分类管理

要对客户进行分类管理，不管你公司的客户是大客户还是小客户。如果你的客户资产都一样，都是一个亿，但是在你公司的消费额度不一样，你对他们的管理还是要分类。虽然他们都是亿万富翁，但有一年消费200万元的，有一年消费20万元的，你提供的服务能一样吗？当然不能。

进行服务

我们互动一下，来探讨客户服务的问题。

设置一个问题：你今年25岁，刚刚创业，有两个市场，分别是高端市场、低端市场，请问你要进入哪个市场？

学员A：年轻，刚创业，肯定缺少资金，人脉也不足，所以选择容易进入的市场，低端市场。

学员B：进入低端市场，因为受众面广，客户多。

学员C：进入高端市场，因为低端市场价格低，不容易回款。

学员D：进入高端市场，攻克一个高端客户，就会转介绍其他高端客户。而选择低端市场，起点低，利润低，会一直在低端市场，甚至越来越低。

学员E：进入高端市场，因为高端市场的客户群很精准，产品定位会比较精准。

……

好，针对不同的意见，我们来分析一下，建议刚刚创业的你进入哪个市场。

就低端市场来说。首先要知道，在低端市场，你的竞争对手都是谁？

第一，是很多出手无章法、打价格战的企业，主要特点是比你便宜，你再便宜，那么他就免费；你免费，那么他就倒贴；实在不行，还使用一些你想不到的手段。

第二，行业龙头。渠道大多是他们的，玩低端的那些行业龙头，真正要的不是利润，而是流水、是数据。有一个百货集团公司为了现金流，搞了一个促销活动：消费1000元送1000元。结果当天每个子公司的收入超过1亿元，一共23个子公司，集团现金流一天进账23亿元。进这个百货公司购物的，大多是普通百姓，也是冲着消费1000元送1000元来的。问题是：送的1000元由谁来承担了呢？由百货公司的商家承担了。所以说，一旦行业龙头玩渠道下沉的把戏，你的日子就很难过了。

第三，还有互联网+这种无处不在的商业模式，互联网企业烧钱、打折、免费、倒贴，无所不用其极。坐车不花钱，还给你钱；饿了吗，点餐，一块钱送到家，然后还送电影票，各种补贴。传统企业如何应对强大的互联网企业？

其次，要了解客户认知。客户认知＝低价＝低质。我们常说便宜没好货，麻辣烫，五毛钱一串；吃火锅，一锅23元钱；两菜一汤的套餐，10元钱……你敢吃吗？客户形成了自己的认知：低端＝低质。相反，客户也会有另外一种认知：高价＝高质，即我们常说的好货不便宜。这就是客户心智。

再次，高端＝高利润，低端＝低利润。为什么这么说呢？低端人群对价格很敏感，对价值不敏感；高端人群对价值很敏感，对价格不敏感。产品最大的赢利空间在价值上。我们计算一笔账就能明白。假如我们理想中的产品数据是 10 － 8 ＝ 2，10 是价格，8 是成本，2 是利润，那么低端人群会就此产品与你讨价还价，如果他们在 10 的价位上不购买，那么 10 就可能变成 9，最后就是 9 － 8 ＝ 1，利润降低了 50%。你的对手 8 就卖，你无可奈何，8 也卖，那就是 8 － 8 ＝ 0，0 利润。如果你的对手更狠，为了占据市场，7 就卖，你一筹莫展，被迫 7 也卖，那么 7 － 8 ＝ -1，结果就是亏损。

高端人群对价值敏感。还以同样的数据来计算，10 － 8 ＝ 2，10 是价格，8 是成本，2 是利润。你给产品增加价值，10 就可以成为 11，11 － 8 ＝ 3，利润增加 50%；如果你把价值增加到 12，那就是 12 － 8 ＝ 4，利润就增加了 100%。低端人群不能涨价，他们喜欢的就是降价促销、打折、赠品，而高端人群更喜欢买值得买的产品。

服务高端人群

请问麦当劳是切高端还是低端？切的是高端人群。去麦当劳吃快餐可以讲价吗？不可以。星巴克一杯咖啡最低 38 元，成本也就是两三块钱，切的肯定是高端人群。所以，在今天的商业时代，一定要清楚，切高端人群才是企业最终的出路。

经营企业要想赚大钱，对所服务的客户群体只有三种选择，第一种叫锁定高端，因为高端才有高利润，有了高利润才能把更多的钱投入到研发中，才能请到更好的人才。第二种，如果企业切不进去高端，那么就锁定低端中的高端。第三种，由于地理位置和各种资源所限，实在不行，企业就切穷人中的富人。

高端群体带来高利润，企业现金流就会充裕，企业要想长期发展，就会加大对研发的投入，研发投入加大了，有了创新的产品，人才也会逐渐聚集……企业的各个环节互相给力，就容易形成良性循环；反之，企业如果切低端市场，那么就会利润低，成本高，现金流匮乏，没钱投入研发，缺乏持续发力的内核，人才也不会过来，就容易形成恶性循环。所以我们一定要服务“有钱人”，这样做企业才能有利润。一定要明白，企业不是慈善机构，做企业的第一责任是赢利，赢利后再去做慈善。给员工更好的待遇与成长机会，就是对社会最大的贡献。

客户管理策略

企业只为一小部分人服务

要坚信企业只是为一小部分人服务，但关键是企业要拿出相应价值的服务。有个学员是做家具的，实木家具质量非常好，利润却不太好。我问他把家具都是卖给了谁，都是什么样的房子需要的家具。他说，70 平方米的房子、80 平方米的房子、120 平方米的房子、200 平方米的房子，各种房子需要的家具都卖。我建议他锁定一个群体，即锁定高端用户，锁定长春市每年的几百套别墅，让自己的家具等同于别墅家具。家具卖多少套不重要，关键是要有利润。高端人群容易形成转介绍，而且介绍的客户也都是高端人群。

有个学员卖地板砖，不赚钱。我建议他去代理最高端的瓷砖，专门卖给别墅的瓷砖。后来这个学员给我说，有钱人消费起来绝对大方，我卖给人家那么多东西，房主还反过来请我吃饭，帮我介绍客户。要是低端客户买了我的地板，就会给我说，哎，刚在你这儿买了 2300 块钱的地板，你是不是请我吃顿饭呢？这一单生意一共赚了 300 块钱，吃饭花了 280 块钱，剩下 20 块钱打车回家，最后是白忙活一场。

中国现在有 1 亿的中产阶级，未来十年还会有两三个亿的增长。这个群体消费能力特别强大。美国当年经济下滑，3 亿人口中有 5000 万的中产阶级，他们的消费带动了美国经济的发展。所以，企业为一个群体服务，那么中产阶级就是企业客户最好的选择。

精准的区隔、分类、聚焦、差异服务

有个床垫的品牌叫慕思，2004 年创立，推出的广告画面是一个德国人在深沉地抽烟。很多消费者看到这个广告，以为这个品牌来自于德国，但其实是深圳一家企业的产品。企业从消费者这个“美丽的误解”切入，宣称“引进欧洲的睡眠理念和寝具设计理念服务中国消费者”，做各种宣传推广，慕思床垫出现在国内所有机场最显眼的 LED 屏上。然后企业为慕思床垫定比较高的价格，针对高端客户提供差异化服务。慕思床垫不需要卖太多，但每卖出一个床垫利润都很高。这家企业就把客户进行了精准区隔、分类、聚焦，然后再提供差异化服务。这种策略让公司一年能赚 5 亿元。

客户分类与管理工具

金银铜铁四大客户

如何对客户分类呢？最简单的一种方法就是把客户分成金银铜铁四类。什么是金银铜铁客户？划分的标准是什么？你可以根据客户在你公司消费的额度进行划分，比如说一年消费100万元的客户是金客户，一年消费50万元的客户是银客户，一年消费20万元的客户是铜客户，一年消费1万元的客户是铁客户。

金客户，量大价高，为什么呢？因为很多企业都盯着低端，都以为低端容易切入进去，反而不去切入高端客户，这是我们的惯性思维——先从容易做的做起。其实很多高端客户是没人去服务的。所以，高端客户是一片蓝海，量大，我们把它比喻成大鲸鱼。也就是说，在低端市场钓1000条小鱼，还不如在高端市场钓一条大鲸鱼。银客户量中价中，属于海豚级别的客户；铜客户量大价小，属于鲨鱼级别的客户；铁客户量小价低，属于小鱼级别的客户。

比如，我们公司推出了一个定位产品，名字叫“黑马推手”，即企业请我做一年的顾问，定价98万元。其实在定这个价格的时候，我们自己心里也没有底。一个月后，我讲完课，有个学员给我说，刘老师，我购买黑马推手这个产品，但是有个条件，在医药行业您只能服务我们这一家企业，不能服务第二家。后来我才知道，这个学员有12家药店，开了 17 年，是本地最赚钱的药店。她听了我的课，突然想把药店做得再大一些，但是竞争对手又太多，又不知道怎么拓展市场，所以她一年花 98 万元买断了我们的辅导。

这个客户就是我们的金客户，如果我们一年只找 10 个金客户，那么公司就有 1000 万元的销售额。

客户有没有消费能力？有，甚至有超乎你想象的消费能力。这个世界上还有很多人未被服务，如果你想服务他们，你首先要成为一个消费者。有一个学员以前在吉林开美容院，后来生病了，经过治疗。身体好了之后，不想再开美容院，就全部卖掉了，然后去北京陪儿子读大学。在陪读的时候，她对儿子说，闲着太难受了，得干点什么，但她只会干美容院，于是就在北京开起了美容院。现在有 60 家分店，而且房子全都是自己买的。

我问她为什么做得这么好。她说她了解高端人群的消费心理。当年她所在的城市有一家美容院，她去做美容，花了 20 块钱，她老公一个月工资才 40 块钱。回到家后，她老公大发雷霆。她对老公说，像我这样挣钱少的人都愿意花 20 块钱做美容，一定有很多女人愿意花钱去做美容，我不上班了，要开美容院。然后就开了那个城市的第二家美容院。她说，所有的机会都是消费过程中出现的，不去消费，就不会了解高端人群的需求，就没有机会服务高端人群。

如果高端人群都在用你的产品，那么低端人群也会主动来买，他们会觉得你的产品确实是好东西。如果你的产品是给低端人群用的，那么高端人群是不会过来买的。这在营销学里被界定为“原点人群，势能客户”，就是说客户会带来势能。这里的“势能”就是大家看他去购买什么，就都跟着过来购买什么。所以，你锁定了高端人群，低端人群自动就来了，这是消费者的心理认知。

如何打通高端人群呢？举个例子，我们以前的大客户怎么来的？很简单，我们给大客户打电话，给企业免费讲课，前提是我们的课程内容很适合企业，也就是说我们的产品质量过硬。讲完后，一般企业老总就出来接待，双方进行沟通，很容易达成后续的合作。我们做了几个大客户，其他大企业也就主动找我们做内训了。

所以，要找到原点人群，找到能够带来势能的客户。在起步阶段，你找谁来吃肉很重要，谁来买你的产品、谁进你家的店很重要。

客户管理表单

对客户进行分类后，还需要再继续细分（见表 3–1）。一是从地理区域上分，按照省市区县，记录下客户是从哪里来的。二是为客户群体定位，从企业主、白领、商务人士还是小区居民来细分。三是从年龄、教育、性别、家庭背景上细分。四是从消费心理上进行细分，包括购买时机、购买方式、环境、使用率、态度、行为。消费心理是你所定位的客户群体能接受的产品的最高价格，一定要测试客户所能接受的价格区间。

表3－1 客户管理表单

地理区域细分	省	市	区	县		
客户群体角色	企业主	白领	小区居民	收入	个性	生活方式
人口细分	年龄	家庭	性别	教育		
行为细分	购买时机方式	环境	使用率	态度		

分析客户行为的十大工具

分析客户行为常用的十大工具（见表3–2）是：第一，客户购买产品能够获得哪些好处？第二，客户在何处购买产品，何处使用产品？第三，客户在何时购买产品，何时使用产品？第四，客户对产品价格的承受度。第五，客户对产品品质的期望是什么？第六，客户对服务的期望是什么？第七，客户购买产品时是单独一人还是与其他人一起？第八，客户购买产品的频率。第九，客户购买产品的传播诱因是什么？第十，未来三年客户的去向会发生什么变化？我们要精准锁定客户，就必须对客户了如指掌。

表3-2 客户行为分析工具

客户购买产品获得的好处是什么	
在何处购买，何处使用	
何时购买，何时使用	
客户对价格的承受度	
客户对产品品质的期望	
客户对服务的期望	
购买时单独一人还是与其他人一起	
客户购买的频率如何	
客户购买的传播诱因是什么	
未来三年客户会发生什么样的变化	

服务大客户的步骤

大客户都去哪儿了？正在去往竞争对手的路上。所以，我们要想方设法把客户在半路找出来，让他们在半路拐弯走到我们的企业来。要想服务大客户，企业家就要在大客户圈子里。俗话说：你每天都跟泥鳅混在一起，熬久了你就变成蚯蚓了。话糙理不糙，你想服务高端客户，你首先和他们在一起。锁定大客户后，就要有一套服务的方法与流程。

第一，老板挂帅。重要客户需要老板亲自挂帅，也叫一把手工程，要把服务大客户放在公司最重要的位置上。老板要梳理下自己公司的客户资源，了解排位前十名的客户信息。如果公司年销售额是1000万元，这10个客户应该消费了600万元左右。老板要亲自给这些客户打一圈儿电话，亲自给他们服务。

第二，爆品配鲸鱼，提供好产品。首先保证你的产品质量过硬，是爆品，如果没有好的产品，就不要想着切大客户。鲸鱼代表高端人群，他们对产品的质量非常挑剔。

第三，打造利润产品。客户一旦对企业的产品满意，就会有后续消费，所以产品设计要具有连贯性。比如你的企业是酿酒的，酿出来的酒很好，客户喝得很满意，那么你可以在前端销售的时候，就要考虑把酒设计成立礼品，不仅让客户自己喝，还要让满意的客户作为礼品送给亲朋好友。这种礼品才真正是企业的利润产品。

第四，成立大客户部。大客户的管理和普通客户的管理是不同的，大客户决定着公司的大部分市场份额，所以要成立独立的大客户部。而很多公司在前期攻克大客户时，花费了相当多的人力、物力，但是在为大客户提供服务时，却缺乏为大客户量身定制的业务流程和某些特权，导致对大客户的服务名存实亡，反过来说，大客户对公司也没有发挥出最佳的价值。这是客户管理中最致命的问题。所以，如果你的公司客户很多，那么就要把客户区隔出来，成立大客户部。

第五，设计大客户的特权机制。要善于设计 VIP 客户享受的特权，比如要有积分、奖品、赠品等一般客户享受不到的待遇。大客户一定要有不一样的待遇，不一样的服务。所以饭店有 VIP 包厢，飞机有头等舱，高铁有特等座等，这都是为“大客户”设计的特权机制。

第六，形成大鲸鱼生态圈。因为不断服务大客户，如果公司的大客户数量每年增长 10 个或者 20 个，你的客户越来越多，那么慢慢就会成为一个大客户圈，会形成持续的、良好的循环。你就可以把大客户圈作为大鲸鱼生态圈来经营。在这个生态圈层里就有无限的商机。

大鲸鱼生态圈会让你的公司形成四种现象，一是大品牌。你有很多的高端客户，这种势能客户会给消费者形成一个印象，即他们消费的产品都是大品牌。二是你的公司要大升级，从品牌、产品、服务、人才、客户管理、生态圈运营等，都要进行全新的配置与升级。三是大鱼圈，就是大客户的圈层。有了这样的圈层，就有了消费能力的保证。

四是大影响，有了大客户你公司的影响力就出来了。

高端人群用你的产品，形成品牌效应，品牌效应之后就会有更多的高端客户，他们带来的影响力无与伦比，是你公司利润的保证。这四种现象就形成一个良性循环。所以说，企业的核心之一就是客户管理，企业的升级就是客户升级。你必须重新衡量你的客户，根据大客户的诉求打造你的产品。

作业

客户分类

（级别标准或办卡消费金额等）

金——鲸鱼客户	量大价高	
银——海豚客户	量中价中	
铜——鲨鱼客户	量大价小	
铁——小鱼客户	量小价小	

案例：厚智学员——某足道学员客户管理案例

金——鲸鱼客户	量大价高	超级VIP：398元
银——海豚客户	量中价中	VIP：198元
铜——鲨鱼客户	量大价小	预约服务：48元
铁——小鱼客户	量小价小	特定时间服务送周边超级赠品

Part 4

价格设计

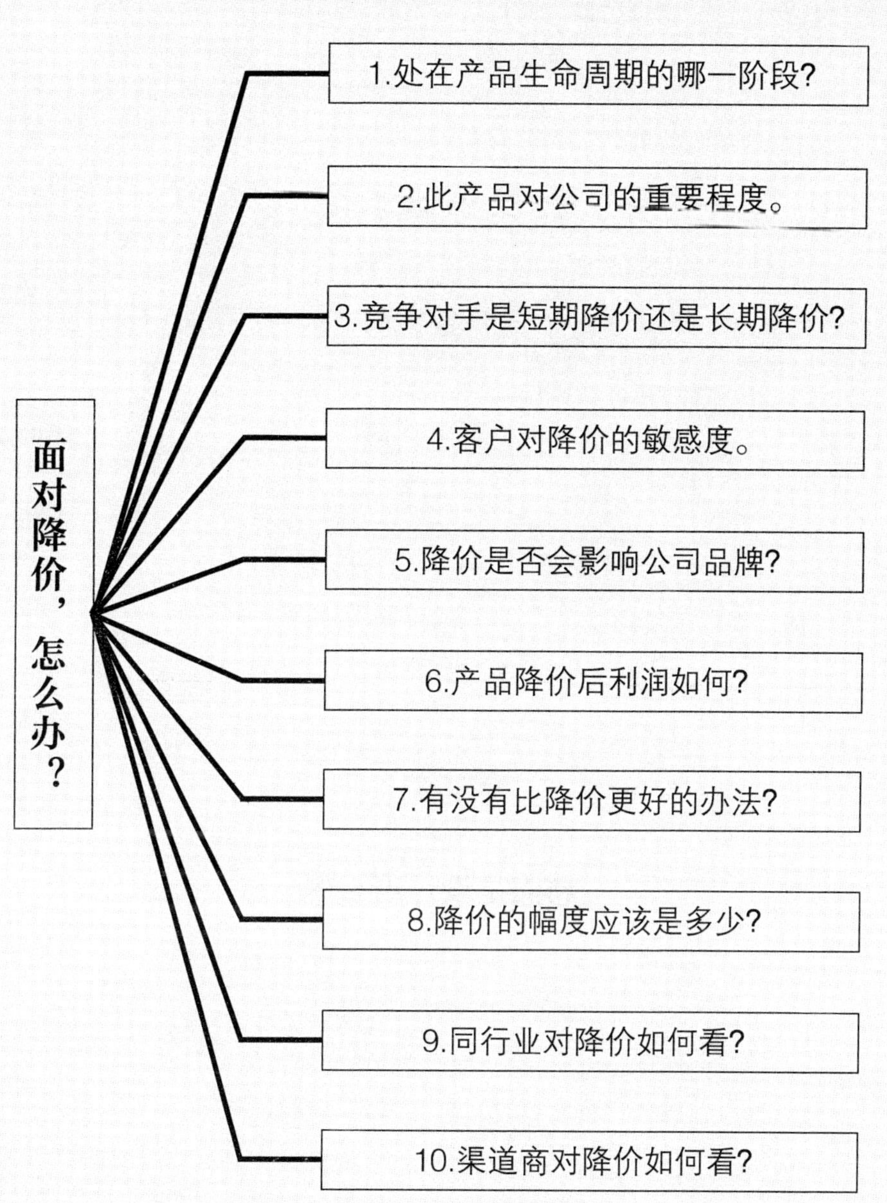
面对降价，怎么办？
1.处在产品生命周期的哪一阶段?
2.此产品对公司的重要程度。
3.竞争对手是短期降价还是长期降价?
4.客户对降价的敏感度。
5.降价是否会影响公司品牌?
6.产品降价后利润如何?
7.有没有比降价更好的办法?
8.降价的幅度应该是多少?
9.同行业对降价如何看?
10.渠道商对降价如何看?

定价定天下

定价定利润

定价定全局

价高本低

双管齐下

利润是设计出来的

价格通常是影响交易是否成功的重要因素，同时又是市场营销中最难以确定的因素（见图 4–1）。企业对产品进行定价的目标是促进销售，获取利润。这要求企业既要考虑成本的补偿，又要考虑消费者对价格的接受能力，从而使定价策略具有买卖双方双向决策的特征。此外，价格还是市场营销中最灵活的因素，它可以对市场做出灵敏的反映。

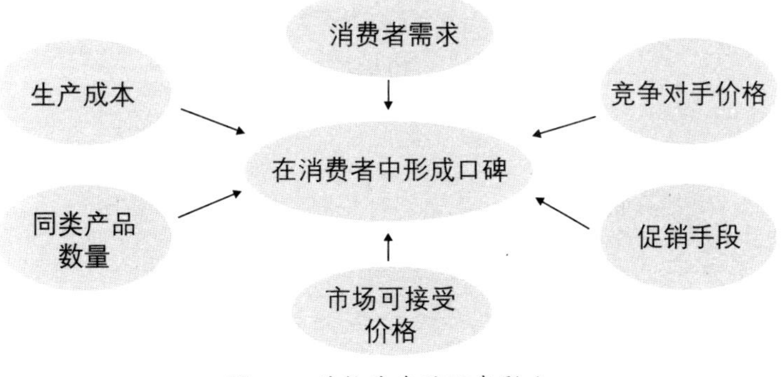

图4－1 价格受多种因素影响

定价定天下

企业所有的利润都会在产品价格设计上有所体现，定价定天下。为什么这么说？因为产品的价格一旦定出来就表明了企业的战略，表明企业对焦的是什么人群、什么客户。

产品价格设计决定着企业利润。为什么你的企业没有利润，为什么挣不到钱？与产品定价有一定关系。定价是一门艺术，有时候并不是产品本身的问题，而是定价的问题，所以要防备定价的两个杀手。

降价自杀

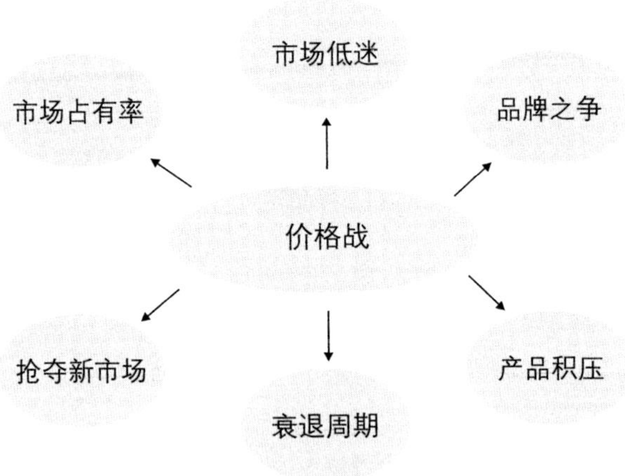

图4-2 产品降价的原因

气温升高时，饮料也迎来了销售旺季。由于市场环境不是很好，再加上市场营销、材料、劳动力等成本的上涨，饮料行业进入微利时代，一瓶饮料的利润变得非常少，销售主要靠批量做大，所以很多企业就采用价格战（见图 4–2）。

但饮料的价格频繁调整，导致企业利润偏低。终端卖价低于批发价，这让代理商的销售利润严重得不到保障，有人开始逃离。这种以牺牲利润为代价来获取营业额增长的方式，无异于自杀行为。如果企业长期搞价格战，那么利润会减少，相应会减少在研发、营销、管理等领域的投入，致使发展后劲不足。

某地的都市类报纸营销争夺战打得不可开交，各报社争抢订户已到了不惜血本的程度。某家都市类报纸将全年定价降至 30 元。两天后，另一家报纸被动应战，降至 25 元。数日后，另外两家报纸狠心抛出了前所未有的低价——20 元全年。

价格战的结果是，一年的报纸当废纸可以卖 60 元左右，订户花 20 元订购一年的报纸，最后当废纸卖掉后还可以赚 40 元。本地报业市场的价格体系被打乱了，媒体的公信力和品牌形象受到损害。而四家企业由于经营困难，无法维持，最后不得不请主管部门介入，签订自律协议，从而摆脱破产的命运。价格战使这些报社损失惨重，只能勉力维持经营。

价格战本身是一种市场竞争手段，由于中小企业规模小、效率较低，因此经常采用这一方法。价格战具有杀伤力强、迅速见效等优点，而国内企业竞争同质化情况严重，因此企业间的价格战也更容易爆发。

降价的好处是企业可以迅速提高销量，迅速实现现金入账，但是，降价也会使竞争对手更加猛烈地回击，从而对企业造成更大的损失。此外，若产品销量上升的幅度不及价格下降的幅度，那么企业的营业收入就会减少，结果就会造成财务和经营上的困难。

拿房地产来说，常有这种情况：定价 8000 元一平方米的房子卖不掉，降价后，6000 元一平方米，那就更卖不掉了。越便宜，老百姓越不买。十几年前，我在深圳工作，我的同事梁先生在皇岗口岸买了一套 70 平方米的房子，4800 元一平方米，几年后，皇岗口岸直接开车可以去香港，香港人也可以直接开车过来，这个地方成为两地的一个枢纽。很多人就开始在皇岗买房子，房价从 4800 元涨到 48000 元，涨到 68000 元、88000 元，现在则到了 10 万元一平方米，很多人还是抢不到房子。

我们想说的是，房价越涨卖得越好，房价越降越卖不出去。所有产品都这样，人们买涨不买跌。所以你的产品一旦定好价，最好不要降价；一旦降价，客户就会认为你的产品还有降价的空间，会一直观望你还会不会降价。

定价过低

我们说产品不要定价过低，是有前提的，即产品一定要找到差异化，有自己独特的卖点。比如 8848 手机，它做出了差异化：针对精英阶层，做的一款以安全为基因的实用奢华手机。它有独创的双系统功能，在双系统内，都可以进行独立操作，互不干扰，可以一键切换，相当于两个手机。还提供加密通话、杜绝被窃听监听、通话记录不可追溯等。还有一个特点，离开5米会自动报警，所以不会丢。手机安全，是最高端群体的核心诉求。有了这样的差异化，一部8848手机定价9999元是水到渠成的事。

8848手机的销售渠道也和传统渠道不一样，主要渠道在4S店。我们有一个学员是卖进口车的，一天能卖三四部8848手机，一个月大约卖100部。买8848手机的人会经常在4S店出入，买车、修车等。这款手机在产品定位、渠道销售上都找到了差异化，因此企业利润也就滚滚而来了。

附：避免价格战的方法

1. 定期发布新产品。
2. 不断改进、优化现有产品。
3. 采用多品牌、细分战略。
4. 提高产品附加值。
5. 提升并保持产品品质。
6. 打造成为高端产品。
7. 把客户变成会员或者大客户。
8. 做各种形式的促销活动。
9. 大幅降低生产成本。
10. 降低管理成本及其他费用。
11. 开拓新的市场。
12. 进军海外市场。

定价的四个误区

企业对产品定价也不是胡乱来的，需要经过市场的测试，没有经过测试的价格，就可能存在问题。综合价格方面的很多经验教训，我们总结了定价的四个误区，以起到借鉴作用。

成本定价法

目前大部分的产品采取的定价方法是什么？是成本定价。比如说一个产品，计算出原材料多少钱，人员工资多少钱，公司运营多少钱……加起来，再乘以某个系数，就得出了这个产品的价格。这就是成本定价法。我们要思考一个问题，如果按照成本来定价，那么一个LV包应该定价多少？但LV包的价格为什么定在1万元、2万元、5万元……同样，按照成本定价法，爱马仕箱包、苹果手机、耐克和阿迪达斯运动鞋等，该如何定价？所以成本定价法容易忽略品牌的价值，而品牌价值对产品定价来说，则有特别大的提升空间。

薄利多销

薄利多销是我们很多企业家固有的观念，这种理念害死了很多企业，打价格战也是这种理念的体现。比如卖一个产品，正常应该赚10块钱，有人就会想，那就少赚点，赚5块钱，一定会卖得多，最终计算下来，会赚得更多。问题是，薄利并不一定多销。比如你的大米卖

5.8 元一斤，可能还不如卖 199 元一斤销量好呢，关键在于你的产品是否稀缺，是否找到差异化。所以你要思考的问题是，你的产品是卖多，还是卖稀缺？这才是决定产品的定价策略。

参考竞争对手

我们在为产品定价时，都有一个心理，就是要看下竞争对手或者市场上同类产品定价多少？如果竞争对手定价 500 元，我们就定 480 元。但很多时候情况是这样子的：一是你的这款产品只是针对独有的客户群体，这时候再参考竞争对手就意义不大了；二是你的产品有可能是创新的，市场上没有的，找不到竞争对手或者同类产品；三是你以竞争对手的价格为标杆，但是你不了解竞争对手的核心优势，不了解他为什么这么定价，仅仅跟着他走，就会被他搞迷糊。

拍脑袋定价

没有明确的想法，也没有参照的产品或者竞争对手，仅仅靠自己的想法就把价格定了。

定价的六大方法

成本定价、薄利多销，这都是我们根深蒂固的思想，所以要转变观念。但是中小企业如果没有很好的产品，没有差异化的产品，确实很难转变观念。我们研究了全球最成功的企业，发现他们的产品定价法都避开了上面四个误区，我们从三十种定价法中，归纳整理出适合中小企业使用的六种定价策略。

价值定价法

法国葡萄酒、意大利服装、瑞士手表、苹果手机、LV 包等产品的定价，用的最多的定价法，叫作价值定价法。

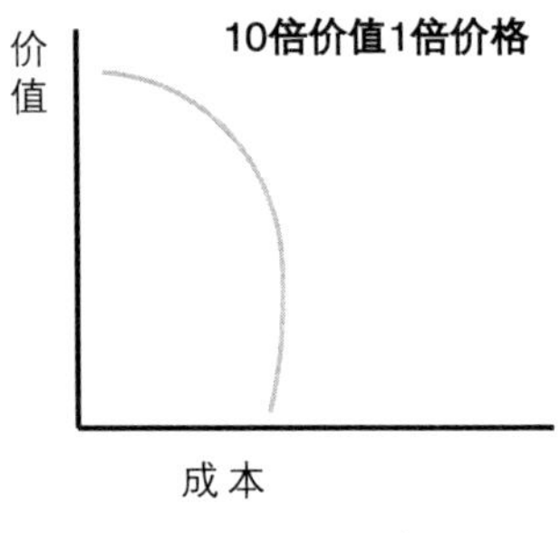

图4－3 价值曲线图

价值定价法的理念（见图 4–3）就是，当产品的成本是 1 元钱的时候，它的价值必须要在 10 元钱。如果产品的成本是 1 元钱，价值是 10 元钱，这时产品定价 5 元钱，消费者会不会购买呢？会的，而且会很开心地购买，会觉得占了便宜，本来10块钱的东西，5块钱就买到了。而对企业来说，利润则翻了5倍。

成本1元钱的产品怎么才能产生10元钱的价值呢？企业就要研究产品的定位，产品的差异化。没有差异化，产品就没有价值。很多种饮用水或者饮料都卖得非常好，因为它们都有差异化，有天然水、蒸馏水、苏打水、柠檬水、运动型饮料、保健型饮料……用差异化锁定不同的客户群体。

在前面提到的一套指甲钳，一旦变成礼品，就有了不一样的价值，就可以按照价值定价。茅台、五粮液已经不是产品了，是礼品，价值立刻翻倍。把礼品变为藏品，价值又提升了。比如女士戴的玉镯，你可以做成产品、礼品，但也可以做成藏品。藏品的价值极高，为什么很多人花几十万、几百万元来购买藏品，因为他们认为未来这些藏品会增值。价值定价法就是产品要变成礼品，礼品要变成藏品，藏品要变成艺术品。这样，产品的价值就会不断飙升。一旦变成收藏品和艺术品，就会成为被投资的对象。

价值有两种，一是使用价值，二是心理价值。你的产品卖的是使用价值还是心理价值？请问一个包的使用价值是多少钱？比如LV、GUCCI等，就不是使用价值了。10年前，LV推出一款帆布包，要求累计消费50万元的会员才有资格买。那不就是一块布吗？但是为什么卖那么贵？因为上面印上了LV的标识，这就是卖的客户的心理价值。

所以企业家要去思考，产品的使用价值多大，客户的心理价值多大。产品卖的就是客户的一种心理需求。比如依云矿泉水，定位就是有钱人喝的水，价格高得离谱，很多人平时都不喝，有朋友来了才拿出来喝，成为一种心理诉求。当年苹果手机出来后，很多商务人士不用的话，就感觉没有走在时代的前沿。

如何塑造客户的心理价值呢？一是聚焦客户的梦想与蓝图，就是说使用你的产品后，未来客户能够实现什么梦想。食用 199 元一斤的大米，梦想是什么？是成为一个健康的人。台湾的诚品书局，为什么连续亏损 15 年后都没有倒闭，20 年之后才开始赢利？因为它变成了客户的梦想，台湾人如果在周六、周日没有去诚品书局，就感觉自己有点事儿没有做。台湾人不能没有诚品，没有了诚品就等于心灵没有了家。

现在诚品书局把书店升级，作为文化产业来打造。有图书、有文创产品等，卖的每一件商品都有文化元素。李宗盛有一个吉他品牌叫“做吉他”，诚品书局专为李宗盛开了一个吉他屋，李宗盛的一个学生在那里一边弹吉他，一边轻唱李宗盛的歌。喜欢吉他和喜欢李宗盛歌曲的客户就会被吸引，进去之后，店里还有李宗盛签名的包、笔记本等。李宗盛成为一个符号，是很多人情怀与梦想的引爆点。

二是聚焦为客户创造的结果。客户购买的不是产品，说得更准确一点，应该是客户购买产品后带来的结果是什么？

苹果手机的魅力是什么？是安全、耐用、美观吗？这些仅仅是其使用价值，它的魅力是品牌本身所具有的品位、优雅、尊贵、时尚等元素。要在激烈的市场竞争中脱颖而出，仅赋予产品基本的功能已经远远不够，要给予客户更多的人性化体验，这是苹果手机成功的关键因素。苹果手机给它的客户带来了很多体验：“苹果”的产品永远都是时尚用户追逐的目标，具有的时尚吸引力；为用户提供了良好、安全的应用环境；丰富的内容下载服务，尤其是音乐下载。

苹果产品的成功源于其产品战略——用户体验至上。苹果的产品是个人工具，帮助个人解决问题。这使得苹果公司专注于个人用户的体验，承诺开发“酷毙了的产品”。作为一个科技企业，苹果始终坚持满足消费者的体验需求，不断更新换代，即使产品没有落后于时代。

乔布斯认为，顾客要买的其实不是产品本身，而是要用产品来完成任务或解决问题。只有简化手机的复杂程度，才能使客户相信手机是有用的。因此，苹果特别注意设计时的简单、易用。为了实现这一目标，苹果公司在产品设计时专注于客户的想法和需求，再设法从工程技术上突破，所以苹果手机最后实现了只需要按一个键就可以完成客户想要实现的全部功能。

在乔布斯看来，苹果手机从设计意图到概念的提出，到实现概念的整个产品设计过程，到用户使用该产品的体验，最后到外在的华丽外形，都需要体现“简单即终极复杂”的设计理念。简洁唯美是苹果公司产品设计的追求，所有的产品设计无不体现出对“简单即是美”的推崇，并成功地使用户接受了这个概念。同时，苹果公司认为，虽然并不是所有用户都关注每一个细节，但细节决定成败，苹果公司把每一个细节都做到极致，带给客户美的享受，客户之所以喜欢苹果产品，这是原因之一。

三是营造客户的期待。很多新品上市之前，不断地做宣传，营造客户的期待，客户的期待就是心理价值。

苹果公司最初对 iPhone 的营销就是一个极端的饥饿营销案例，先是对 iPhone 的具体信息避而不谈，只告诉市场将有新产品 iPhone 面世。之后很长时间只是偶尔对 iPhone 进行简单介绍。在这期间，各大媒体、专家纷纷推波助澜，进一步引起参与者的兴趣。等到 iPhone 正式上市之后，其广告便铺天盖地，通过形形色色的宣传让你天天看到、处处看到。这种极度的反差，让消费者犹如久旱逢甘露，突然间对 iPhone 产生了极大的兴趣与购买冲动，iPhone 的销售从而大获成功。

每隔一段时间透露一点新信息，使得 iPhone 的关注度不断提升，各大讨论版上不断交换意见，苹果公司成功运用消费者的力量帮 iPhone 做免费的广告。iPhone 在展示时也刻意隐藏手机画面上十二个图示中的其中一个，不断制造神秘性，也引发外界不断猜测究竟隐藏着什么新功能。最后才公布这一图示具有浏览 YouTube 和上传、下载影片的惊喜功能，这是一个典型的制造客户心理期待的过程。

王妃定价法

什么叫“王妃定价法”？我们举个简单的例子来说明，比如你们家有三姐妹，通过包装老大，把她嫁给国王，成为王妃，那么老二、老三就容易找到好人家了，因为她是王妃的妹妹。产品也可以用这个思路，包装出一款产品，成为“王妃”，其他产品就可以依照“王妃”产品来定价了。比如茅台已经是国宴用酒了，价格能低吗？你的矿泉水已经是 APEC 会议指定用水了，价格能低吗？如何让产品具备这样独具一格的资质，使其成为“王妃”，就需要老板有很强的公关能力。

在防水界有一家公司叫东方雨虹，公司刚创业时规模很小，但是老板很爱学习，他听到我们讲“王妃定价法”后，就开始做公关。做哪里的公关？竟然是人民大会堂，说免费给人民大会堂做防水设备，并拿出过硬的资质和技术，人民大会堂同意了。他们做完人民大会堂的防水设备之后，订单像雪片一样飞过来，客户连价格都不讲，让他们自己报价。很快，这家公司就上市了。

东阿阿胶在开始宣传的时候，苦于没办法让更多的人知道这个产品。恰逢巴菲特来中国，东阿阿胶以 211 万美元的代价拍下了巴菲特的天价牛排午餐。赵丹阳在见巴菲特的时候，送给他两项礼品，一个是国酒茅台，一个就是东阿阿胶。于是国际和国内的媒体都开始报道，代表中国的两项国宝礼品，一个是茅台，一个是东阿阿胶。后来东阿阿胶的知名度大大提高，身价也大大上涨。

差异化定价法

找到产品的差异化，你和别人的产品不一样，价格就可以不一样。就像 8848 手机一样，价格由自己做主。只要产品不一样，你就有了价格指导权；产品只要与别人一样，就只好血拼价格。比如说，这两支笔一模一样，那就看谁卖得便宜。你卖 10 块钱一支，那我就卖 8 块钱一支……陷入价格战中。但是如果你的这支笔与其他笔不一样，你的是环保笔，没有任何味道、具有无毒害作用，小孩子含在嘴里也不怕，那么这就是你的差异化，这支笔的价格你来做主。

如何做到不一样呢？其实也就是说如何做到创新。创新的方法有很多种，常用的一种思路是“杂交理论”，就是把几种产品的核心功能通过“杂交”技术汇集在一个产品上。比如把电话、电脑、相机、录音机等产品的核心功能融合在一起，就变成今天用的智能手机了。水里加绿茶，就叫绿茶；水里加红茶，就叫冰红茶；水里加奶、加茶就叫奶茶。

渠道定价法

产品在不同区域、不同时间、不同环境，价格应该不一样。所以在为产品定价时，要考虑产品的销售渠道，渠道具有哪些特点，渠道针对哪些群体等。比如说旅游景点，一般分为淡季价格和旺季价格。比如苹果手机，美国与中国的定价就不一样。比如说一罐可乐，在五星级酒店或者旅游景点，一般卖 10 块钱；在高端会所可能卖 50 块钱；在一般超市里，也就是卖 3 块钱。

特价定价法

特价定价法其实是吸引客户上门的一种策略，比如沃尔玛超市，大米就天天特价。有个学员开了个食品店，鸡蛋就天天特价，进价多少钱，售价就多少钱。有个学员开了个水果超市，每天都有一款水果搞特价。这些特价商品都有什么特点呢？是生活必需品，而且是快消品。所以很多老头老太太天天一大早就在超市排队买特价商品，人山人海的，客户就被吸引过来了。

客户被吸引进来后，一般不会只买这种特价商品的，还会再买点其他东西。今年流行一种早餐，1 元早餐，即 1 元钱喝一碗粥。进店之后，果然是 1 元钱喝一碗粥，但是吃包子、油条等就要再花钱。这碗粥就是特价商品，起着吸引客户上门的作用。

八/九定价法

八 / 九定价法，又叫小数点定价法，这种定价策略能够保证企业产生利润。

我们做一个互动，看看各位企业家给自己的产品都是怎么定价的，然后再来理解价格和利润的关系。

请你们报一下自己产品的价格。

学员 A：会员卡，365 元一张。
学员 B：酒，648 元一瓶。
学员 C：保健品，358 元一盒。

好，我们就这三个产品的定价做一个分析。先拿 358 元一盒的保健品来说，在客户的认知中，358 元与 398 元有区别吗，或者说区别大不大？再提出一个问题，如果这一盒保健品卖 398 元一盒，再赠送价值 98 元的产品，这样是不是比 358 元一盒容易销售？ 98 元的产品，成本大约在 20 元左右，398 － 20 元的成本，实际售价是 378 元，可是对客户来说，他在心理上会感觉自己是 300 元买的保健品。

378 元相比较 358 元，利润增加了 20 元。如果你卖 358 元一盒，利润是 10%，即 35.8 元，那么一盒 378 元，利润就是 35.8＋20＝55.8 元，增加了 50% 以上的利润。我们再计算一笔账，假设按照 358 元一盒销售，一个月卖 1000 盒，扣除掉节假日，一年销售 1 万盒，一年的利润是 35.8×10000 ＝ 35.8 万元；如果按照 398 元一盒加 98 元赠品的方式进行销售，那么一盒的利润增加 20 元，1 万盒就增加了 20 万元的利润，企业的赢利空间瞬间扩大很多。

会员卡定价 365 元一张，价格设计的初衷是一天一块钱。但问题是，365 元一张和 388 元一张，或者说 398 元一张，对客户来说，有很大的区别吗？传统企业的利润能在 10% 就不错了，所以真正的利润就隐藏在定价中。

产品定价 10 元钱，如果再加上 0.8 元，变成 10.8 元。客户通常会讲价，你把零头 0.8 元抹掉，客户肯定会很高兴，你还是以 10 元的价格卖掉了，但会受到客户的认可。如果你的产品可以讲价，那么以 10 元为基准，你可以把价格变为 12.8 元。客户与你讨价还价时，你砍掉 0.8 元，还剩下 12 元，客户很开心，对你来说，每件产品的利润又增加了 2 元。

上述的例子就说明了八 / 九定价法或者小数点定价法的奥妙所在。

所以我们常见的产品定价是9.8元、19.8元、98.8元。98.8元和100元，在客户心智中还是有很大区别的，98.8元，不满100元，心理上就觉得便宜，100元，第一感觉就是价格高。9.8元和19.8元的道理是一样的，9.8元属于10元以下的商品，19.8元是20元以下的商品，都在客户的心理承受范围。锁定两个数字“8”和“9”，这是世界上最流行的定价方法，客户不会因为后面有小数点而不去购买，企业的利润往往就隐藏在小数点背后。

定价如何落地呢？我们介绍三个方法。一是全员培训，让员工理解产品定价的原理与机制，理解定价的八/九哲学或者小数点哲学。二是组建定价委员会，定价不是一个人的事儿，一定要有一个委员会，专门研究定价的艺术，对产品价格进行测试，最后决定产品定价。三是掌握定价的核心，定价的核心是0.8或者0.9，企业的利润就在小数点的背后。

我们的定价理念要发生转变，胆子要大一点，对产品定价有四个原则可供我们参考。

一是技术创新，即你有什么创新的产品或者发明。在当前这个信息时代，要做到行业数一数二，就需要有技术创新和新的发明。苹果手机就是技术创新的典范，去掉了手机键盘，手指一点，就解决了手机开、关、程序运行等问题，方便简洁。

二是产品本身，即产品解决客户什么样的痛点。任何产品都是为解决客户的痛点而被研发、生产出来的，如果不能解决痛点，它就不会存在。解决的痛点越痛，价格就会越高。

三是定客，即确定客户群，这个产品是为谁生产的。我们应该清楚，要么锁定高端，要么锁定低端中的高端，要么就是穷人中的富人。这就叫“高端、利润、空间大”。

四是竞争对手，即与竞争对手不同的地方是什么，要如何做到与众不同。必须要有超越对手的思路，在对手的产品中找出盲点，找出超越对手的地方。

作业

定价与利润

产品原价	
修改价格	
过去营业额	
改价后预计营业额	
营业额提升	

案例：定价策略

产品原价	80元
修改价格	98元
过去营业额	500万
改价后预计营业额	612.5万
营业额提升	112.5万（22.5%）

Part 5

制度引擎

制度引擎

顶层设计

组织架构
股东结构
组织战略

股权分配

身股
期股
期权
分红

平台＋合伙人

核算账
跟谁
平台多大

阿米巴绩效

小平台
小组织
小结构

伟大的制度创造伟大的企业

激励在先，管理在后

未来的竞争

不是人才竞争

而是合伙人制度的竞争

共享利益、共担风险

人人都是经营者

人人都是领导者

人人都是创客

在互联网时代之前，很多传统企业尤其是贸易型的企业，是通过信息不对称、打时间差来赢利的，而互联网解决了信息不对称的问题，因此不少传统企业都遇到了巨大的挑战，至少有三个方面的挑战：过长、过重及过剩。

过长就是说从采购原材料到设计、生产产品、总代理、区域代理等，到客户手里，至少要走六个环节。产品生产的成本原本是10元钱，到客户手里就是100元，这不是产品本身涨价了，而是中间环节太多了。所以互联网解决了去中间化的问题。

过重就是说企业属于重资产类型，重资产是指企业所持有的厂房、原材料等有形的资产。比如说，企业销售的大米都是企业自己种的，如果企业想上规模，进行公司化运作，那么企业就要有很强的资金实力，要有大量的土地、厂房、各种机器，员工也不能少，这就是重资产下的运作模式。但是企业也可以采用轻资产的模式，可以跟农业合作社合作，让老百姓来种地，企业只需要创建一个品牌，来收购老百姓的大米就可以了，把老百姓当作自己企业的员工，但是不需要支付给他们工资。

中国经济型连锁酒店第一品牌如家酒店，拥有 2200 多家酒店，遍布全国 300 多个城市。这些酒店都是他们自己租房进行运营的吗？当然不是，大多都是加盟的。麦当劳是重资产还是轻资产？看起来是重资产，开一个店需要几百万元，实际上对于麦当劳总部来说是轻资产，因为麦当劳采取加盟商机制，让加盟商来投资，麦当劳出品牌即可。全球最成功的公司都是采用的轻资产运作模式，即品牌与加盟商的结合。

过剩指因为信息不对称导致的生产过剩。信息不对称，导致很多企业盲目生产，最终因为产品没有市场，销售不出去，企业不堪重负。很多企业为了避免生产过剩，现在开始采用订单式生产这种模式，有多少订单就生产多少。红领集团是一家生产高档服装的大型企业，在互联网时代，他们完全改变了传统的生产方式，根据订单来生产。根据客户的需求和选择，为客户量身定制服装，完全实现了私人化定制。版型很多，可供客户根据自己需要进行选择。定制西装一般需要两个月，而红领 7 天就可以生产出来，每个环节都实现了流程化、智能化的管理。这种私人化定制、订单式生产就避免了生产的过剩。

那么传统企业是如何解决遇到的过长、过重、过剩等困难的呢？

平台＋合伙人模式

我们常说，小成功靠个人，大成功靠团队。但在今天这个信息发达同时人工成本高企的时代，很多企业都因为员工太多而背负了太多的成本压力，导致发展缓慢，甚至濒临倒闭。我们的主张是，如果企业是营销型的组织，那么就不需要太多的员工，就不会变成庞大而臃肿的群体，因为营销型组织的每一个环节都是发动机，而营销型组织最好的架构就是平台＋合伙人模式。

张瑞敏说："没有成功的企业，只有时代的企业。"在互联网时代，海尔也进行了艰苦卓绝的转型探索。海尔的"人人都是创客""人单合一"都是"平台＋合伙人"模式的组织呈现形式。

未来的竞争，不是人才竞争，而是合伙人制度的竞争！

在互联网时代，万物互联、信息化、智能化等冲击着所有行业，以雇佣制为主要形式的公司也受到了很大的冲击。全球最大的出租车公司 Uber 没有一辆出租车；全球最热门的媒体所有者 Facebook 没有一个内容制作人；全球市值最高的零售商阿里巴巴没有一件商品库存；全球最大的住宿服务提供商 Airbnb 没有任何房产……这预示着什么？预示着"公司＋雇员"制度正在被侵蚀，"平台＋个人"的架构正在崛起。

弗里德曼在《世界是平的》一书中说："如果说全球化 1.0 版本的

主要动力是国家，全球化 2.0 的主要动力是公司，那么全球化 3.0 的独特动力就是个人在全球范围内的合作与竞争。”世界是平的，公司是平的，组织是平的，充分发挥个人的能量，才能实现新的跨越。

凯文•凯利说：未来的公司形态会不断地演化，去中心化、分布式、强化合作、适应变化，直到彻底地被网络化。人人都是经营者、人人都是领导者、人人都是创客……全新的商业组织模型和商业运作模式已经开始。人的观念变了，未来已来！互联网让跨越企业边界的大规模协作成为可能，众包、众筹的商业运作模式让更多的个人参与进来。

大型企业的很多员工纷纷出走，或创业，或做投资人，迫使大型企业把自己改变成“平台”，打破原来的管理制度，倡导内部创业。“平台＋个人”成为趋势。而合伙人制度就是“平台＋个人”这一架构下经过实践的最好制度：有共同的目标和价值观，以人为本，能够充分发挥个人能力，利益分配均等，平台和个人都会获得充分的成长。

合伙人制度

什么是合伙人制度？从法律意义上来说，合伙人制度是相对于公司制来说的。合伙企业是指由两个或两个以上合伙人拥有公司并分享公司利润，合伙人即为公司主人或股东的组织形式。主要特点有：合伙人共享企业经营所得，并对经营亏损共同承担无限责任；在经营上，可以由所有合伙人共同参与经营，也可以由部分合伙人经营；合伙人的组成规模也可大可小。从企业管理上来说，合伙人制度的本质在于建立一套分配机制，为人才提供平台，实现人生价值，同时也实现了公司价值。

合伙人制度相比较公司的雇佣制度来说，更能发挥人才的创造力。在互联网时代，对组织架构来说，去中心化、扁平化成为趋势，合伙人制度被越来越多的公司所借鉴和采纳。

全球知名投资管理专家查尔斯•埃利斯认为，高盛从一个小公司发展为庞大和最优秀的公司，原因在于它延续了“一荣俱荣、一损俱损”紧密协作的合伙人制度。合伙人两年选拔一次，每次选拔都要花上7个月时间认真投票。成为合伙人几乎意味着终身雇佣，忠诚与归属感让员工把高盛当作家，所激发出来的工作热情与高度的责任感是雇佣制下的公司所无法比拟的。正是合伙人制度这种形式与扁平化的管理机制，把最优秀也是流动性最高的精英集结在一起，促使高盛员工一面努力赚钱，一面对共同利益进行高度监督，形成了高盛独特、稳定而有效的企业文化。

麦肯锡的合伙人就是公司董事。麦肯锡认为如果公司上市，就会以追求股东利益作为发展目标，公司的活动就会受制于外部股东的利益。而选择合伙人制，只对客户和麦肯锡负责，而不会受制于其他因素，确保咨询业务的独立性、客观性。如果一个员工干得好，有发展前途，就有可能成为合伙人，自己的利益就与公司的利益紧密结合起来，就会对公司的利益负责。麦肯锡的利润分配很简单，扣除成本后，如果有利润，就分给合伙人。如果是上市公司，利润就要分给股东，而不是分给与公司利益密切相关的合伙人。以员工和客户为核心的合伙人制度，奠定了麦肯锡咨询业老大的地位。

这几张图所展示的组织架构，分别是阿里巴巴、Facebook、谷歌、苹果等这些全球最顶尖的公司，它们的组织架构跟着时代不断改变，目前都采用了平台＋合伙人的模式。比如苹果公司，App Store 里那么多的软件，难道是苹果自己开发的吗？不是！是汇集了全球的软件开发力量，而苹果把自己打造成一个平台，成为软件展示的平台，用户下载，软件研发者获得自己的一份收益，而苹果抽取平台佣金。

分享经济理念

那么传统企业如何从“公司＋雇员”模式转变为“平台＋合伙人”模式呢？我们认为，做出这样转变的前提是老板需要具有“分享”的思维，即具备分享经济的理念，了解分享经济的精髓，今天的商业逻辑大多从分享经济出发。充分了解分享经济的内涵，老板首先从理念上转变过来，再进行组织的变革则要顺畅得多。

分享经济就是把闲置资源拿出来，分享出去产生经济效益。Airbnb 是如何诞生的呢？ Airbnb 的创始人布莱恩·切斯基（Brian Chesky）和乔·吉比亚（Joe Gebbia）是同窗好友，两人合租一套房子，不过在失业后，他们连房租也交不起了。有一天房东来催房租，两人愁眉苦脸，出去喝酒，一边喝酒一边说，有人帮我们交房租就好了。说完，两人一愣，大喊道，是啊，找人来给咱们交房租啊。

当时他们所在的城市正举办一个大型商品展览，很多人找不到旅馆住宿。布莱恩在当地网站上发招租广告，他们把客厅腾出来给游客住，游客交的住宿费来交房租。就在那个周末，有三个年轻人入住了他们的客厅，他们当月的房租也有了着落。捞了第一桶金后，他们的生意越做越大，Airbnb 也开始风靡全球，其所倡导的分享经济促进了很多行业的变革。

罗军一行 6 人去美国旅行，没找到酒店。美国当地的朋友建议他们下载 Airbnb 的 App，来解决住宿问题。果然通过这个 App，他们住进了一栋别墅，6 个人，600 美元一天。以前他们 6 人住在酒店里，每个房间 200 美元一天。而且酒店的条件和别墅简直不可同日而语。

罗军对这种体验特别感兴趣，回到中国后就到处找闲置资源。在海南岛发现很多闲置的别墅，就想用 Airbnb 的分享经济的模式来运营这些别墅。与房地产商和业主谈完后，双方都愿意与他合作。房地产商觉得这是推广别墅的好机会，会带来别墅的销售。而买别墅的业主大多不会居住，闲置的别墅如果有人打扫，而且还有收益，何乐而不为呢？

罗军带着团队租下了几个别墅区开始运营，也就诞生了今天的途家酒店。途家酒店的运营模式借鉴了 Airbnb 的分享经济，但也结合了中国的国情进行了创新。因为中国人的安全感不强，不习惯陌生人住到家里来，但是很多有钱人有闲置房源，所以罗军就寻找没人住的房子。

这是一个分享经济的时代，在我们的生活当中，有很多资源都可以分享出去，然后创造经济价值。阿里巴巴开发了闲鱼平台，就是号召大家把闲置的资源分享出去。

分享经济如何落地

让客户参与产品的研发与销售

让客户参与到产品的研发中来，小米就是一个典型的例子。为了能够让用户深入参与产品的研发，小米设计了“橙色星期五”的网络开发模式，MIUI 团队在论坛和用户密切互动，保证系统的每周更新。

在确保基础功能稳定的基础上，小米把有关产品的各种想法坦诚地与用户沟通，不管好的或者不够好的、成熟的或者不够成熟的。每周五的下午，新一版 MIUI 如约而至。在下周二 MIUI 会让用户来提交四格体验报告。通过四格报告、小米内部设置了“爆米花奖”，根据用户对新功能的投票产生上周做得最好的项目，然后给员工奖励。奖品是一桶爆米花，以及被称为“大神”的荣誉感。

MIUI 的团队核心是小米的 100 多个工程师，其次是论坛人工审核过的有极强专业水准的 1000 个荣誉内测组成员，最活跃的用户是 10 万个对产品功能改进非常热衷的开发版用户。每个周五，用户就开始等待着 MIUI 的更新。也许这个橙色星期五所发布的新功能是他们参与设计的，或者某一个被修复的 BUG 是他们发现的。这让每一个深入参与其中的用户都非常兴奋。

让客户参与到销售中来，在销售的过程中体验产品与服务，是销售人员实现成交的重要手段。

一名叫斯坦巴克的犹太商人是安全玻璃的推销员，业绩总是第一名。有人问他用了什么特殊的方法让业绩一直这么好。斯坦巴克说：“我的皮箱里总是放着许多截成15厘米见方的安全玻璃，还有一个铁锤。每当我见客户的时候，就会问客户：‘你相不相信安全玻璃？’如果客户说不相信，我就把玻璃放在他的面前，拿锤子往玻璃上一敲。客户发现玻璃没有碎裂，就会说：‘啊，真是太神奇了！’这时候我和客户会直接进入成交的步骤。”

不久，几乎所有的安全玻璃推销员出去拜访客户的时候，都会随身携带安全玻璃样品及小锤子。又过了一段时间，他们发现斯坦巴克的业绩仍然是第一名。于是又有人问他：“我们现在都在做同一件事，为什么你依然是第一呢？”斯坦巴克笑了笑，说：“原因很简单，我到客户那里，当他们说不相信的时候，我便把玻璃放到他们的面前，把锤子递过去，让他们自己来砸。”

产品研发与生产出来后进行销售，也要让客户参与，销售中的参与感、体验感会让客户发自内心地喜欢产品。

让客户参与到产品的研发与销售中来，产品才会具有持续的生命力和影响力。

让员工成为合伙人

工业时代，员工是分工合作或者分工协作；市场时代，员工的合作可以叫组织共赢；而在今天的信息时代，员工则可称之为“混合全能部队”或者“特种兵”，就是说每一个人都是全能型的人，也都要有营销能力。

几年前，我去台湾考察，就发现很多公司全员做业务、做营销。当时台湾某大型地产公司对内勤人员（内勤人员主要包括财务、出纳、行政人员等）的要求是什么？是一个月最少介绍两个客户。这两个客户需要这些内勤人员来沟通和谈判业务吗？不需要，由公司的专业销售来谈，谈成之后给内勤人员一定比例的提成。所以内勤人员在工作之余就要想尽一切办法联系客户，约他们到公司来。

公司计算过，只要内勤人员每人每个月约两个客户到公司，销售人员与客户沟通，成交率一般会在30%-40%之间。如果能够成交一单，那么一位内勤人员的当月工资就可以解决了，对公司来说就没有成本了。否则一位内勤人员每个月一到两万台币的工资就是成本。而反观我们的很多公司，到现在还是请很多人，各司其职，多数员工都没有营销意识。

不管我们是叫“特种兵”还是叫“混合全能部队”，我们必须改变思维，让员工真正为企业的业绩着想，把他们的潜能激发到最大，把他们当作合伙人。在七年前我们公司开始这样做，效果非常好。

按照企业通用的管理模式与考核机制，我们的员工一般一年能赚30万元，但是我们让员工赚到了50万元以上，怎么做到的呢？把他们变成合伙人，但合伙人不是说大家天天捆绑在一起，而是“身在就有股份，身不在就没有股份”。

公司跟员工设定，如果今年公司赚500万元，则公司会拿出50%给员工分红。但是，公司要对员工进行考核：今年必须完成20万元的销售额，才有资格参与分红。每个员工都有积分，完成1万元的销售就积1分。分红多少是有固定比例的，假如说公司赚了500万元，公司拿出20%作为发展基金，还剩下400万元。

400万元中，公司大股东分50%，即200万元，还剩下200万元，其中40%给高管，60%给员工。高管只有三个人：总经理、副总经理、总监。那么三个人按照比例分80万元，总经理分80万元的50%，即40万元；副总经理分80万元的30%，即24万元；总监分80万元的20%，即16万元。200万元的60%全部分给员工。因为每个月都会公布员工的积分数据，所以每个人都清楚自己能拿到多少钱。

我们把员工变成合伙人，参与分红。他们不再为公司打工，而是为自己干，只有为自己干才会拼命。我们每个月都实行末位淘汰制，最后一名被淘汰，如果这个员工还想在公司继续工作，则需要重新面试，从头再来，积分也重新开始。分红＋积分考核＋末位淘汰，三管齐下的制度设计，彻底激发了员工的潜力，他们使出浑身解数，做业务、找订单，到后来公司业务多的都安排不下。

不是老板创造了伟大的企业，而是老板设计了伟大的制度，只有伟大的制度才能拥有伟大的企业。有个老板是开药店的，过去有20家药店，今年只有两家药店，为什么？很简单，没有设计激励人心的制度，没有把员工当作合伙人。比如，他给每个店长一个月就开5000元的工资，没有分红，没有奖金。时间一长，店长会想，我一个月只拿5000元，赚的钱都给公司了，干着没啥意思，还不如我自己开家店呢。找亲戚朋友借钱，开了一家药店，就在这个老板的店旁边，生意比这个老板的还好。其他店长也如法炮制。这个老板没有办法，20家药店关闭了18家。

后来这个老板找我们做咨询，我说因为你的制度不合理，才导致这种结果的。我们建议这样设计制度：药店由老板来投资，店长运营为主，双方合作。除了每月正常给店长发放工资外，还要让店长参与分红。假如今年药店目标利润是50万元，则20%是店长的分红。但店长必须保证80%的业绩比例，低于70%则不能分红。也就是说，药店完成80%的业绩，赚到40万元，店长依然可以分红，拿到8万元，但如果低于35万元，则不能参与分红。这样就把店长变成了合伙人，店里的收入和他自己的收入密切相关，他怎能不会挖空心思把药店运营好呢？

更重要的是，老板还要告诉店长，如果他经营得特别好，超过了50万元的目标，达到了60万元，那么超出目标的10万元，则是五五分成。如果制度这样设计，这个店长会把利润做成多少？40万元、50万元、60万元？不需要任何鞭策，他会做到70万元，人的潜力是无限的，做到70万元，他的分红会达到20万元。还可以再继续设计制度：分红分为两次付清，一次是年底分红拿走60%，剩下的40%则到第二年的6月份再拿走。这样就基本锁定了店长，使他成为你终生的合伙人。

要把员工变成合伙人，去看看电视剧《乔家大院》也能明白。复字号最能干的伙计马荀提出辞职。孙茂才劝说乔致庸留下马荀，毕竟他是个很抢手的人才。马荀也说出了离职的实情，按照惯例，徒弟满师后都要离开，因为别家给的薪金更高；但是掌柜有一份身股，平时有薪金，到年底还可以领一份红利，所以他要去别的地方做掌柜。

乔致庸了解到实情后，进行大刀阔斧的改革，规定：以后凡是学徒四年出师，愿意留在店里当伙计的，一律顶一厘的身股，也就是说年终可分得120两银子的红利，以后逐年按劳绩增加。这一招解决了辞职风波，留住了人才，使乔家的生意蒸蒸日上。

客户共享

我们应该有这样的一种理念，即所搭建的平台吸引来的客户，也是其他人的客户；其他平台所吸引来的客户，也会成为我们的客户。平台背后有什么？有资源，所以共享平台也叫共享资源。举个例子来说明。

我们在唐山授课，有个学员是做应用软件的。他说："老师，我觉得您的客户都是我的客户。"我点头赞同，给他出了一个策略，说："你在唐山干了18年的应用软件，很多中小企业家对软件还是一无所知，你能不能讲一堂关于信息自动化管理的课，让企业家了解到，信息自动化管理让他们在任何时候、任何地点，都可以及时了解公司信息，让公司变成自动化的管理，以后他们出差、旅游，也就放心了。"他说可以。

来我们课堂上课的企业家有200多人，我让他上台讲了10分钟，然后问学员的反馈，大家觉得非常好。我说："这门课定价1680元，今天大家都是同学，他免费送50个名额，需要的现场报名。"两分钟，50个名额一抢而空。这50个企业家去听他讲一天的课，有没有可能买他的应用软件呢？当然有。这就是资源共享。同样，他的资源也可以与我共享。假如我再去唐山讲课，让他把他的客户约到我的课堂上，那么他的客户也就变成了我的客户。

资源共享外就是利益共享。任何一个平台的分享都会有利益，利益的呈现除了钱以外，可以是会员卡，可以是积分。很多大公司常用"积分管理"或者"兑换积分"的方式。比如说，客户买了一件衣服，觉得不错，就分享给他的朋友，他的朋友来购买时，他就会获得积分。积分到一定程度后，就可以兑换衣服或者其他礼品等。积分之后，公司还可以搞活动，邀请积分达到一定数额的客户来参加，客户们聚在一起谈天说地，公司提供贴心的服务，客户就更加愿意分享。

打造营销型组织

分享经济的核心是把资源分享出去，而“平台＋合伙人”则是分享经济的制度呈现，在以人为本的合伙人制度下，如何打造企业的营销型组织，挖掘每一位员工的潜力，使企业成为全员营销的高效实体，就成为我们讲解的重点。在此，我们分享打造营销型组织所需要的五大模块，以期给企业家提供借鉴。

制度引擎

以人为本的制度设计是企业发展的引擎，即企业前行的发动机，所以，老板最重要的工作是要为企业设计一套激励人心的制度。靠制度把人的积极性给调动起来。合伙人制度其实很古老。刘邦打天下，带着麾下三杰萧何、张良、韩信，以及其他众多伙伴们浴血奋战，最终建立大汉王朝。从现代公司的角度解读，刘邦就是公司创始人，是绝对的大股东，萧何、张良、韩信是他的高级合伙人，他们都有共同的目标和追求，在西汉王朝建立后，各自获益。500年前的晋商身股很好地诠释了中国商业史上的“合伙人”机制：财东允许掌柜等重要伙计用人力而不是资本占有股份，可以参与分红但不对商号的亏赔负责，完全把伙计的个人收益与商号收益紧密联系起来。这一制度的推广，使晋商力压享誉全国的徽商一招，独占鳌头。

西方早在古罗马时期，就有“二人以上相约出资，经营共同事业，共享利益、共担风险”的契约文件。中世纪时期，形成了康孟达契约，已经具有了有限合伙人的概念。在现代社会中，多数知识型智力型企业，如律师事务所、会计师事务所、咨询公司，还有一些投行等实行了合伙人制度。

合伙人制度虽然自古有之，欧美大多企业也用此制度，但是目前中国的企业所需要的合伙人制度，还需要结合中国特色，否则会水土不服。新东方的三驾马车：俞敏洪、徐小平、王强，是典型的合伙人制度，不是也分崩离析了吗？所以万科根据自己企业的特点，提出了事业合伙人的概念；阿里巴巴更是对合伙人提出了工作年限等各种要求；海尔进行创新，提出人人都是创客的概念。大公司都在探索适合自己的合伙人制度，我们中小企业更要结合自己企业的实际情况，推行有自己企业特色的“合伙人制度”。

流程管控

流程管控不是什么新概念了，在此不再讲述这个概念的内涵，而是重点讲解营销型组织应该做哪些流程上的管控，如何抓关键点。首先，需要招聘优秀人才，人才决定一个公司的高度和长度，所以公司需要有“招聘流程”。很多中小企业都不知道自己要招聘什么样的人，招聘流程是什么，人才来了该如何使用，在招聘端就存在很多问题，因此老板和人力资源负责人应该先把招聘流程做好。

其次，要塑造员工的信心。让员工对企业所在行业有信心，“女怕嫁错郎，男怕入错行”的观念现在还在作祟，因此要打消员工对行业的怀疑；让员工对公司有信心，公司是个人发展的平台，对公司没有信心，何谈为公司创造价值；让员工对老板有信心，老板是企业的掌舵人，带着全体员工往前走，对老板没有信心，也就是对公司没有信心；让员工对自己有信心。具备了这四颗“信心”，员工才能留在企业，全力以赴地工作。

再次，要做好培训。企业就是最好的学校。很多企业做不大，就是因为内部培训太差，员工无法成长。对于今天的中小企业来说，遇到的一大挑战就是培训。有些有培训意识的企业，经常请外面的讲师过来给员工做内训，除了花很多钱不说，讲师讲的内容还不一定适合企业需要。

对中小企业来说，最好的培训是由老板本人亲自进行的。老板如何做培训呢？可以用九宫格设计一套流程。比如老板要讲的主题是销售，放在九宫格最中间，然后围绕着销售梳理几个主题，比如第一次课讲销售的基本功，第二次课讲销售的心态，第三次课讲销售的目标，第四次课讲销售的方法，等等。一个主题大约20分钟，一两个观点，两三个案例就足够了。老板在讲解的过程中，还可以结合自己企业的文化，把企业的价值观注入演讲里，让员工不但学到技能，而且还能更深入地理解企业文化，和企业“志同道合”。

最后，要做好销售流程的梳理。销售流程是企业业务流程的一部分。产品从企业到客户手里，会经历研发、生产制造、市场宣传、销售、技术支持与服务等主流程和人力资源、财务管理等支持性流程。就销售本身来说，要做好销售话术、NAC心理学的说服技术、行销策略等的准备，甚至连营销方案的标题怎么拟定都要进行训练。

管理员工情绪

需要提醒老板的是，管理员工不仅仅是管理他们的行为，更重要的是管理他们的情绪，使他们的情绪处于巅峰状态。让员工进入“疯癫”状态，他们才有可能冲锋陷阵、所向披靡。不疯魔，不成活，一个人不疯，很难有状态，没有状态，就不可能影响别人。两个人面对面地沟通与谈判、在公众场合演讲，影响别人的不仅仅是语言，更是状态、气势。就像马云，虽然个子小小的，但是说话时气势十足，让人忍不住叹服。

会开会

老板一定要学会开会，一是要有效率地开会，二是开会必须有效果，三是不同的人在会议中承担不能的职能。很多公司会议不少，却是议而不决，毫无效率和效果可言。

中小企业经常发生以下情况：员工正在办公室忙着，老板突然叫开会，然后就去开会，听得一头雾水。还没明白过来怎么回事儿，老板布置完任务，宣布会议结束。这种会议就没有任何效率可言，因为员工不明白到底为什么要开会。

简单地说，开会是为了解决问题的，参会人员应该有所准备，并有成形的想法，在会议上能够各抒己见，这样才能迅速找到解决方案，达成共识。

会议前应该以邮件或其他的形式通知参会人员，确认主持人、人员、会议主题、时间、需要达到的效果等。主持人在会议开始的时候，重申会议需要解决的问题和达到的目的。开会过程中，参会人员要认真倾听，仔细琢磨其他人的发言，不要因为不满意而着急去反驳。最后大家统一意见，回去着手布置相关工作和执行会议中所达成的指令。会后，专人整理会议记录，发给参会人员。另外，会议时间不宜太长，最好在30分钟以内。相关人员可以会后单独讨论。

目标管理

目标管理方法被公认为是一种加强计划管理的先进的科学的管理方法，是在企业员工的积极参与下，自上而下地确定工作目标，并在工作中实行自我管控，自下而上地保证目标实现的一种管理办法。其中具体方案和任务由员工自己制定，并同每一个成员的成果相联系。自上而下的目标分解和自下而上的目标期望相结合，使经营计划的贯彻执行建立在员工的主动性、积极性的基础上，把企业员工吸引到企业经营活动中来。

美国管理大师彼得·德鲁克（Peter F. Drucker）认为目标的制定应该遵循几个原则：有挑战性，不要设一些轻而易举就能达到的目标，要给自己压力，必须要跳一跳才能够到的目标；有期限，一定要有时间期限来管理它；目标要具体，可评价，到底完成了什么，应该有一个明确的界限；能够实现，制定目标要基于现状，面对现实，不要说我希望飞起来，这只能叫白日做梦。

从制定目标到评估结果，让员工参与进来，通过沟通对目标形成共识。关注过程，定期跟进员工的行动计划。持续的反馈与辅导，告诉员工哪些方面做得不错，哪些方面需要努力，并让员工掌握技能。始终关注目标，不要下太多的临时性指令，安排太多的临时性任务。基于目标和员工能力给予必要的授权。

作业

公司的制度

公司的组织架构是什么？	
公司是否有一套自动管人、留人系统?	
没有这套系统，公司的现象是?	

Part 6

策略营销

打造自动营销的赚钱系统

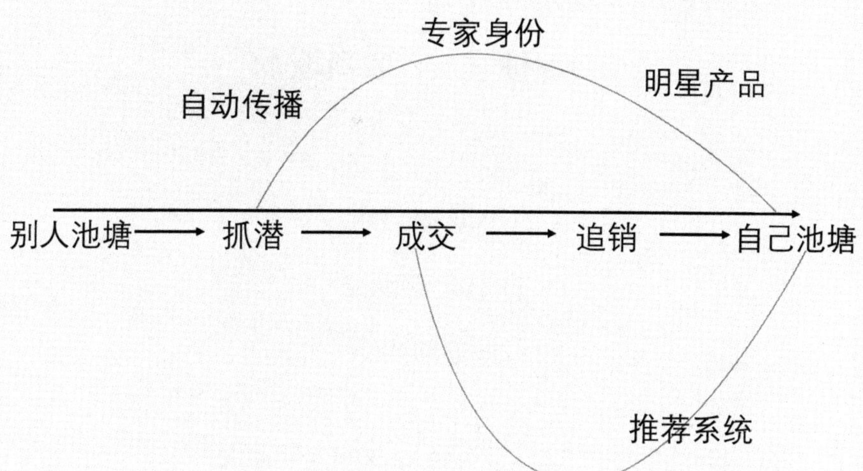

营销型企业家必懂

定战略 —— 明确方向

懂策略 —— 以小搏大

建制度 —— 为自己干

组团队 —— 一比一百

会演讲 —— 收到现金

小成靠苦难

中成靠磨难

大成靠灾难

小成靠才华

中成靠德行

大成靠胸怀

价值2000万元的营销策略

做营销型的企业家，首先要定战略，给企业找到发展的方向，也就是找到了未来。企业发展方向的核心就是做出差异化。其次要懂策略，策略就是方法，通过什么样的策略形成自己的核心优势，如何进行组织建设等。最后还要懂宣传推广，通过什么途径达到最大化的传播效果。

分享一个策略营销的案例，我们一起来领略下案例中策略营销的精华。

亚伯拉罕的营销策略

被誉为“国际第一营销管理大师”的杰·亚伯拉罕在全世界各地讲课，帮助了很多人。亚伯拉罕授课的过程也是营销的过程，他通过授课帮助别人，但是也迅速地赚到了钱。他的公司只有八九个人，每年的营业额都在四五亿美元，他是怎么做到的呢？

25 年前，他对安东尼·罗宾（安东尼·罗宾是目前世界上最著名的潜能激励大师和演讲大师之一）说，你的课连续上 14 天才能上完，你应该没有赚到钱吧？安东尼说，对啊，我连续讲了 14 天的课，确实没有赚到钱，为什么呢？亚伯拉罕说，因为你没有让客户分段付费，你想不想知道用什么策略能够让客户付费吗？我给你提供咨询，一小时咨询费 100 万美金，但我保证让你用半年的时间赚回 1000 万美金，如果你赚不到 1000 万美金，100 万美金的咨询费如数退还。安东尼同意了。两人聊完以后，安东尼豁然开朗。亚伯拉罕说了些什么呢？

他对安东尼说，你开 14 天课都不赚钱，为什么呢？第一，14 天，时间太长，很多人没有时间来。第二，请问你的价格是多少钱？别人开课 3 天，你开课 14 天，你的价格是多少？是不是别人的 5 倍？对客户来说门槛太高。所以，你的课程应该分阶段，第一阶段的课程价格应该非常便宜，大约 1000 美金；第二阶段的课程价格在 4000 美金左右；第三阶段的课程价格在 8000 美金左右。安东尼把课程分为三段后，发现上第一阶段课程的人在美国有 3000 人，而这 3000 人就产生了漏斗效应，漏出了上第二阶段课程的学员 1000 人左右、上第三阶段课程的学员 500 人左右。

亚伯拉罕又对安东尼说，有一个更好的方法，让你快速在今年多赚 500 万美金。怎么做？亚伯拉罕与安东尼进行了合作：由亚伯拉罕写一封信，然后安东尼把这封信快递给自己所有的学员，推荐他们来上亚伯拉罕的课；只要他们来上课，亚伯拉罕就把课程收益的一半分给安东尼。亚伯拉罕以前是做咨询的，学员很少，而安东尼在全世界各地有大量的学员。安东尼在亚伯拉罕写的信件上签了自己的名字，寄给全世界的学员，推荐他们来上课。通过这种合作，一年时间，亚伯拉罕和安东尼就多赚了两亿美金。

有个叫陈安之的人收到了安东尼的推荐信，上面写着“紧急”二字。因为是安东尼的推荐，陈老师立刻打开看，上面写着：为什么有人收入比你高出十倍、百倍、千倍？难道他们比你聪明十倍、百倍、千倍吗？如果不是的话，你想不想知道这些人做对了什么？你想不想知道你做错了什么？后面就是营销大师亚伯拉罕的课程内容。陈老师觉得课程很好，价格是5000美金，这是在25年前啊，价格相当高。恰好陈老师创业刚失败，手头没有钱，就没去上。

过了两个月，陈老师又收到一封信：亲爱的陈先生您好，您一定是没有时间来上我们的课程，但是有一个更好的方法，您只需要投资1700美金，就可以把亚伯拉罕三天课程所讲的营销策略秘诀，全部刻录下来做成音像制品寄给您，您不需要去美国，就可以获得5000美金的课程内容，同时还可以重复学习。陈老师觉得这样可以接受，还省了一笔去美国的差旅费，就汇过去了1700美金，很快就收到了亚伯拉罕的讲课录像带，然后天天学习。

三个月后，陈老师又收到一封信：陈先生您好，您看了我们的录像带后，赚了很多钱是不是？陈老师用他的方法确实赚了不少钱，陈老师很疑惑，心想这个亚伯拉罕料事如神啊，他怎么知道我赚钱了，亚伯拉罕在信上继续说：如果您想深度地研究营销学，我们的营销课程每两个月内容更新20%，而且在现场听课，体验肯定不一样，所以还是建议您到现场来学习。您不需要交5000美金，只需补上3300美金即可。

陈老师心想，既然1700美金都交了，现在也赚到一些钱，那就再补3300美金，去现场看看效果。到现场他看到了不可思议的一幕：亚伯拉罕的一本书稿，现场销售1万美金。这个书稿没有出版过，没有书号，就相当于我们所说的内部材料。这本书稿有100个成功的案例，每个案例都是亚伯拉罕的学员写出来的见证，而且他们都用亚伯拉罕的方法创造了10亿美金的收入。

这些案例是怎么汇集起来的呢？是学员上完亚伯拉罕的课，回去亲身实践，如果赚了10亿美金，就把这个过程写下来，寄给亚伯拉罕，这样汇集起来就成为亚伯拉罕现在销售的书稿。每一个案例后面都附有学员的电话，如果你需要咨询他们，随后可以打电话。

陈老师回来后，按照亚伯拉罕的策略，重新定位，很快成为亚洲成功学的权威，很快也成为亿万富翁。成功学的背后其实就是营销学，所以一定要好好研究营销这门学问。

彼得·德鲁克说，因为企业的目标是创造客户，所以企业有两个并且只有两个基本功能：市场营销和创新。这句话在中国逐渐被演绎成：企业只有创新和营销是利润，其他的都是成本。对于这一观点，企业家们大多认同。一个不会做营销、不具备营销思维的企业家，就会发现企业处处是成本。

策略营销的方法论

下面我们要分享的是价值百万的策略营销，希望更多的企业东山再起，再创辉煌。

第一策略

做就要做到第一，因为第二很容易被人遗忘。行业第一、区域第一、领域第一等等，都可以。成为行业第一、区域第一、领域第一需要很多机缘，或者多年的积累，或者有创新的技术。创业的你刚刚起步，怎么脱颖而出、超越对手呢？

十几年前，我回到东北开始做教育培训，当时东北有很多家培训公司，怎么样才能快速成为东北老大呢？我们苦苦思索，想到的还是第一策略，只不过是“抱住第一”，就是与行业老大合作，借行业老大的势，与他连接到一起，就会在客户心智中有一定地位。那时候，我们在东北开始举办论坛，定位是“首届学习型东北成功学论坛”，首届，就有“第一”的意思。我们又喊出口号：三场，1 万人，100 天不休息。

首先我们请陈安之老师过来，当时很多人都在看陈安之老师的书。其次，我们请企业家过来，请了当时财富排名第二的严介和先生，太平洋建设集团的董事局主席，也是处于风口浪尖的人物。再次，邀请东北企业界影响比较大的修正药业董事长修涞贵先生。一个是教育培训界的领头人，一个是企业界首富级别的企业家，一个是东北地区最有影响力的企业家。很多人就来到了现场，沈阳会场4000人，长春会场3000人，哈尔滨会场3800人，实现了3场1万人的目标。连续举办三场大规模、重量级的论坛，使我们公司在东北的教育培训中很快脱颖而出。

焦点策略

做事一定要聚焦，很多人都是因为没有聚焦，导致自己的企业遇到了重大挑战。聚焦在一个区域，聚焦在一个行业，聚焦在一个领域，聚焦在单一客户群体上，

天童美语自2004年创办起就做儿童英语培训，其间，他们面对火热的数学、物理、化学补习课也动过心，公司高管一直讨论能否开拓下业务，做做数学补习、化学补习之类的。我建议他们坚守3–15岁这个群体，坚守英语这门课。新东方做成人英语培训，已经做成行业老大，天童美语避开与新东方竞争的客户群体，向儿童和青少年聚焦，反而能迅速做大。至2016年，天童美语实现了10亿元的销售额，成为中国儿童英语教育第一品牌。

但是很多企业的业务并不聚焦，隔一段时间就偏离方向，突然发现另外的行业更好，别的市场更容易做，就偏离既定的方向，失去了焦点。尤其企业开始赚钱、利润比较好的时候，老板就开始投资其他的行业，导致自己的企业慢慢走向了衰败。

捆绑策略

捆绑策略就是说你的产品能否跟一个特别有价值的产品捆绑在一起。

有一年我在论坛的现场讲课，有个叫刘洪涛的过来听课，他是美的电器在东北的总代理。那时候整个市场大环境不好，代理商都不敢订货。他找到我，说想跟我合作。我们在一起聊合作模式、聊营销策略。他最担心的是在即将召开的美的订货会上，这些代理商不来参加。我提出捆绑营销的建议，写了一个主题："如何在金融危机下寻找商机，轻松做一个赚钱的总裁。"现场梳理出讲课的主要内容，包括如何做企业定位，如何设计价格，如何做促销，如何做营销等。

我们商议好后，他给吉林省美的电器的代理商打电话，说目前市场环境不好，我们给大家提供培训服务，请了一个老师，一小时5万元，给大家讲3小时，厂家承担10万元，我自己承担5万元，让这个老师给大家讲讲怎么样在这种市场环境下赚钱。代理商觉得这是好事儿，就问可以过来几个人。刘洪涛说，你快点申请，会场只能容纳500人。很快，培训的事儿在代理商圈子里就传开了，一个代理商带着两三个人报名参加培训。当天在美的电器的现场来了500人。这些人过来是为了学习，但是在会场周边摆放美的电器，毫无问题吧。刘洪涛致辞后，我就开始讲课。

我问了大家两个问题。第一个，王永庆过世了，这是一个暂时性的问题还是永久性的问题？永久性的。第二个，金融危机来了，这是一个暂时性的问题还是永久性的问题？暂时性的。

围绕着金融危机，我说这是一个暂时性的问题，美国经历了十几次金融危机，中国刚刚开始经历。危机其实处处是机会，李嘉诚在每次危机出现后，都是把它当作机会抓住，然后才持续成为亚洲首富。1997年香港回归那年，很多人都开始抛售香港房产，移民澳洲、美国、加拿大，但是李嘉诚出手买了香港的大量房产，结果香港回归后，香港的房价翻了5倍。所以危机会创造出很多富翁，关键就是你在所谓的危机下，如何抓住机会。今天遇到了金融危机，我们需要好好学习，才能在这个时候跟别人做得决定不一样，才能有新的机会。

我讲了3个小时，讲得大家热血沸腾，心态也开始转变了，都觉得应该抓住机会。接着刘洪涛上来说，你们觉得刘老师讲得好不好？想不想跟着刘老师继续学习？下面一片叫好，都说想继续学习。刘洪涛说，今天有一个特好的机会，如果今天订5万元的货，就送你们一个跟着刘老师学习营销策略的名额，价值9800元。

当时电器的利润连10%都不到，他这样免费一门价值9800元的课程，代理商都觉得不订货那就亏了，很快人头攒动，代理商一拥而上，争先恐后订货。第二天早晨，刘洪涛告诉我，当天订货实现了3200万元，同时给我输送了600多个学员。接下来一个月，我就有600个学员坐在现场听我讲课。这600个学员里有200个是老板，我通过讲课，也实现了课程的后续消费。这就是营销的捆绑策略。

转换定义重新定位策略

有个学员听完课后对我说，刘老师，我来自于长白山，是做房地产的，现在我有困惑，想请你做顾问。后来我们商议了一下，决定一个月见一次面，在茶楼聊天，帮他解决问题。长白山下有一个镇，叫松江河镇，他买了位置非常好的一片地，但是这片地有点小，前面只能建一排房子，建两排的话，前后楼距就太近。前面的房子卖得很火爆，他在后面就建了一排车库，规划是把车库卖给这些业主。但是有一个问题，就是这些业主买的车才几万元，而一个车库要卖几万元到十几万元，所以车库根本卖不掉。

我们研究乔布斯，发现他做了一个最大的差异化，就是把手机重新定义了，而且把苹果这一水果的概念给转移到手机上了。可以随时在会场做测试，问今天带着苹果来的请举手，大家的第一反应就是苹果手机而不是苹果这种水果。按照重新定义转换概念的思路，我们发现去长白山旅游的人，30%的游客都住到这个镇上，每天大约有上万人。我们能否用转换定义、重新定位的策略呢？

我就问他，在这个小镇上，游客最想从松江河镇带走什么？他说是特产。那么这个镇上有没有特产一条街呢？或者说有没有特产商城呢？他马上打电话确认，确定没有。这就是一个空位，我告诉他，机会来了，车库2000元一平方米都卖不掉，先不要卖了，转变定义，把车库转换成商铺。他有点为难，说车库在一排房子的后面，不是临街的。我问有没有出口？出口处能不能挂“长白山土特产一条街”的广告牌子？他说可以，挂好牌子后，我让他找人蹲点，看有没有旅游大巴停下来，有没有游客下车询问土特产的事儿。

蹲点一段时间后，果然发现每天都会有四五辆旅游大巴车停下来，游客下车询问哪里可以购买土特产。我让他把售楼处的“车库”两个字拿掉，直接改成“土特产一条街”。然后把价格抬高到5000元一平方米。同时让他去找松江河镇政府，让政府批准成立“土特产一条街”。

然后制作宣传单，直接发给那些卖特产的人。那些卖特产的人知道如果成立土特产一条街，单店的生意肯定受影响，他们就聚在一起来售楼处看商铺。很快第一批40人就要团购商铺了。当时他手上有100套，我建议他立刻出手。剩下的60套，立刻涨价。2000元一平方米卖不掉的车库，最后被抢购一空，他净赚2000万元。

这就是价值2000万元的营销策略。

杠杆策略

其实社会中有很多杠杆可以善加利用，但是你一定要找到那个支点，就是阿基米德所说的那个能让他翘起地球的支点。帮助学员卖车库的事儿很快就传出去了，更多的学员来找我。有个学员在县城做房地产开发，按照规划，他要盖一个酒店，又担心盖好酒店后又赔钱，就建了酒店式公寓，一共168套，想开盘后以最快的速度卖出去。但是那是个县城的人只会买住宅或者商铺，对酒店式公寓一无所知。

公寓面积多为四五十平方米，5000元一平方米，一套房子大约二三十万元。我们帮他策划了一个营销方案。首先分析了他的客户是谁，在当地能买得起酒店式公寓的也只有企业家和公司高管这两个群体了。这两个群体，从哪个渠道能够一下子切进去呢？我们调查、研讨，最后确定可以从银行的 VIP 客户系统切入。

接着我们就运用了一个策略，邀请在当地颇受欢迎的蒋大为来县城搞一个文化活动，县文化局看到是蒋大为过来，很快就批复了活动申请。因为当地的企业家和公司高管以 40–60 岁的人为主，所以请知名人士就要按照他们的诉求来，如果请周杰伦，他们还不一定能买单。联系上蒋先生的经纪人，谈好合作方式，与蒋先生签下协议后，我们就联系当地媒体，进行大范围报道。

然后我们找到一家银行，与客户经理沟通，说蒋大为先生来了，如果银行能赞助 5 万元，就给银行 200 张票，银行可以送给重点客户，相当于银行为重点客户提供了一次特殊的服务。第一家银行同意后，我们又用同样的办法，找了 4 家银行，一共 5 家银行，拿到了 25 万元的现金，保证了 1000 张票的销售，基本也保证了现场的 1000 人。这个学员自己也邀请了很多客户，那个会场能坐 1700 人，活动当天会场爆满。

现场爆满了，目的不是为了听歌，不是“在那桃花盛开的地方”，目的是要卖房子。我在当天成为一个投资人，出场讲投资，然后是我的朋友、资本运营的实操专家翟山鹰出场，给现场 1700 人系统讲了投资的操作，讲投资黄金有什么风险，投资保险和期货有什么风险，为什么说投资房子是最安全的，房子中住宅和商铺已经饱和，只有酒店式公寓这样一个机会。接着是蒋大为先生出场献唱。等蒋先生一唱完歌，很多人争先恐后地涌向了售楼处，不到一周，房子全部售罄。

分析一下这个案例，我们首先杠杆了蒋大为先生，然后用蒋大为先生杠杆了县文化局和媒体，县文化局和媒体与我们合作，发文件、做宣传推广，然后我们又杠杆了5家银行，由银行再杠杆他们的VIP客户，VIP客户到现场后，我们又杠杆了投资专家翟山鹰先生。最后酒店式公寓顺利售罄。这就是价值5000万元的杠杆营销策略。

附：策略营销的方式

渠道收购策略	水平整合资源
垂直整合资源	品牌策略
多品牌策略	代理品牌
独家经营	市场开拓
海外市场	产品线扩张
技术合作	线上、线下策略
价格策略	渠道建设模式
公司合作	信任状策略
创新营销策略	创新商业模式

策略营销公式

上述五大策略会帮到很多中小企业打开营销思路，重新审视自己的产品、产业以及营销策略，但是，这还不够，我们再提供一套公式，不仅把这套策略囊括进去，而且还打造一套自动营销的赚钱系统。

公式一：进入别人的池塘

我们中小企业常用的营销方式是什么，一是等客上门，这意味着等死；二是常用降价促销的方法，这是找死。为什么说不是等死就是找死呢，因为互联网“三去”给我们带来了巨大的挑战，“三去”指“去中间”“去空间”“去时间”。

去中间就是去掉中间环节，任何一个商品从生产厂家到客户手里都要经过六道以上的环节，去中间就是把商品从厂家直接送达到客户手上，简化中间的各个环节。去空间，地理位置不再是限制，在互联网上进行销售，全世界的商品都可以买到。去时间就是随时随地随心所欲地下单购买。我们以前受中间环节、地域、时间所限，但是现在一部手机可以搞定大部分事情。那么传统企业所面临的营销挑战该如何解决呢？

首先我们要转变一个观念，即不要说没有客户，只要愿意去找，到处都是客户。找客户时不要一个一个去找，而是要进入别人的池塘杠杆塘主，然后就是潜入池塘抓潜客户。举个例子，比如说，我们在各地上课，什么是我们的池塘呢？各大行业协会、商会是，各种同学会等都是。

亚伯拉罕曾经辅导一个濒临破产的保健品公司，让这家公司起死回生并且获利亿万美金。他是怎么做到的呢？亚伯拉罕出了一个策略，让他们去杠杆一个电台，因为买保健品的人都是经常听这个电台节目的人，那么这个电台就是池塘。这家公司与电台合作，每天首单的500美金给电台，但是电台在收单之后，需要把客户名单和资源给到保健品公司。电台觉得保健本来就是节目内容的一部分，现在又有现金收益，就很愿意合作。

虽然保健品公司每天把首单的收益给了电台，但是对公司来说，没有花一分钱却做了最好的推广，而且获得了客户资源。一个月后，电台竟然提供了3000个订单。这家公司又复制这种模式，找到第二家电台、第三家电台，最后找了十几家电台，通过这种合作，公司起死回生。

企业在商海里找到客户，首先要定义清楚你的客户池塘，找到最精准的池塘；池塘定义不准，去抓潜也没有用。找到精准的池塘后，就要进入，学会杠杆池塘。以前我们常常是机关枪打鸟，做成本特别高的营销，甚至是负债式营销，宁愿花很多钱打广告，但是没有见到效果。做营销必须变成资产式营销，就是说广告打出去，就能把产品卖掉，把钱换回来。而进入别人的池塘后，学会抓潜别人池塘的客户，就可以做到资产式营销。

公式二：抓潜

进入别人的池塘后，如何抓潜客户呢？我们通过一个案例来说明。博文口腔有3家牙所，每家一个月的营业额才15万元，基本濒临倒闭。问他们如何找客户？他们说，在牙所门口放一块LED屏，循环播放牙所的宣传片、保护牙齿的视频之类的。他们遇到的核心问题是客户越来越少，客户成交率低，难以维持公司的正常运营。我们采用新的方法，建议他们要抓潜客户。那么怎么做呢？

首先解决池塘的问题，去哪里抓潜？我们圈定了周边的社区，社区里的中老年人比较多，大多有洗牙、换牙的需求，这就找到了最精准的池塘。其次如何抓潜客户？采用的策略是会员制＋口腔免费清洗，办理一个会员200元，免费赠送198元的口腔护理。来牙所买药的客户基本都成为了会员。博文口腔的会员信息表很详尽，在填写的时候，要求他们填写准确，因为会进行跟踪服务。这样就锁定了客户。

有很多老年人一大早起来跳广场舞，工作人员每天早晨就在他们跳广场舞的附近摆上桌子，宣传免费为他们做口腔清理，很快就引起了他们的关注。以前一天十几个客户，现在变成一天四五十个客户了。凡是免费做口腔清理的，都让他们填写单子，这样一段时间下来，积累了不少的准客户。但是做口腔护理是有成本的，大部分人都是洗完牙就走了，没有后续的消费，牙所是亏损的，怎么办？还是要用策略！

假如说一颗牙的成本是300元，嵌一颗牙的市场价格是1000元，而掉一颗牙，就要嵌三颗牙，那么就需要花费3000元。我们接下来的策略是：客户如果申请成为会员，第一次来这里嵌牙，就只收两颗牙的费用，一颗牙免费，总共2000元。去掉成本后，还可以赚1100元。嵌完牙后，再送客户两张免费清洗口腔的券，让他转送给朋友。客户的朋友来清洗口腔，牙坏的，就换牙补牙，就有了后续的消费。很多老年人都需要嵌牙，都喜欢物美价廉。用这种嵌牙收费的策略，基本就牢牢锁定了周边社区的老人。

很快，每个牙所的月营业额涨到了40万元，解决了公司运营问题。但是还不够好，有3000个客户没有找回来。怎么办？我们采取二次开发的策略。因为让老客户回来，比寻找新客户更加容易。我们调研了当地的所有牙所，发现没有一家专注做儿科牙科的，所以就成立了儿童科室，请到一个资深的牙科医生后，就给老客户一一打电话，说，您是我们博文口腔的老客户，我们特别请到了儿童牙科医院的专家过来免费义诊，正常收费498元，您的孩子可以过来免费检查一次。

用这种方式，使80%的老客户带着孩子又来到了牙所。在孩子免费检查的时候，大人正好可以做口腔清洗，后续的消费诸如补牙修牙嵌牙等又可以循环起来了。我们建议他们直接成立一个儿童牙齿专科，来维系老客户。到后来，每天进店的客户都有五六十个人，客户再也不是问题了。一家牙所每个月的营业额在50万元以上，三家就是150万元以上，博文口腔一年至少有1800万元的营业额。

所以抓潜客户必须符合三个条件：第一，必须非常简单；第二，必须非常容易；第三，一定要变成自动持续的动作，让客户自动地越来越多，而不是自己每天都出去找客户。如果抓潜能够变成自动持续的动作，那么就需要解决下一步的问题，即成交。

公式三：成交

成交不是设计一套成交的策略，而是设计一套让客户无法拒绝的成交流程。成交是勇气，成交是信心，但成交的本质是一套无法让客户拒绝的流程。

首先，成交之前必须先塑造价值。塑造价值的要求就是要“简单＋快”，就是一词穿心，一句话说清楚价值点，而且价值点不能太多太散，要锁定一个点。如何塑造价值呢？要为产品塑造一种无价的境界，也就是说，产品不能用价格来衡量，比如身体的健康不能用价格衡量，对生命的延长不能用价格衡量，对家人的关心不能用价格衡量，对父母的爱不能用价格衡量，对孩子的培养不能用价格衡量……这些产品或者服务，价值点塑造出来后，价格就不是问题了。

有个学员是做花生油的，他说花生都有一种毒素叫黄曲霉，对身体杀伤力比较大，但是花生油经过至少两次的精炼以后，就可以排除掉黄曲霉，所以他们的宣传点是：不含黄曲霉的花生油。这就是价值点的塑造。塑造产品的唯一性、无法取代性，产品也可以“无价”，比如我们前面讲到的199元一斤的大米。

其次，拥有超级赠品。超级赠品，让客户看到之后就感觉很刺激，就有立刻买单的欲望。比如订杂志，一年的费用是200元，赠送欧洲五国游。这种赠品是不是超级刺激？超级赠品的“超级”之处就在于设计，自己不需要花一分钱。比如买杂志送欧洲五国游，设计成一个月抽一次奖，而且这个奖品也不是杂志社自己花钱购买的，而是由旅行社提供的，他们为旅行社做广告可以置换这样的赠品，旅行社也会受益。

再次，零风险承诺。即便是有超级赠品，客户还会说要再考虑考虑。但是如果客户真的有这样的需求，也真的有钱购买，那么我们给客户零风险承诺，就会打消客户“再考虑考虑”的疑虑，就会实现百分之百的成交率。举个例子来说明。

老师：你想不想一天赚 100 万元？

学员：想！

老师：你觉得我有没有能力一天赚 100 万元？

学员：有！

老师：我有一门课程，专门来讲以小搏大的竞争优势，如何日赚百万，你想不想来上课？

学员：想。

（价值塑造）

老师：上课费用是 19.8 万元，你会不会来？

学员：要考虑考虑。

老师：如果你花费 19.8 万元来上课，在一年的时间内没有赚回 19.8 万元，那么 19.8 万元就全部退还给你，而且让你终身免费学习我所有的课程。你会不会报名上课？

学员：会。

（超级赠品＋零风险承诺）

如果这个学员有 19.8 万元，而且真正有这方面的需求，那么他就会来报名学习。这就是无往不利的成交法则。成交之后，还要进行追销，因为需要客户消费企业后续的产品，这样才能逐渐形成自动持续的营销。

公式四：追销

追销就是追加客户的消费金额或者增加客户的消费黏性。我们提供几个简单的思路，以供参考。

一是企业进行产品升级，研发后续产品。任何一家企业都要不断地进行产品升级，研发后续产品，才能让客户重复消费。奔驰车每两年就进行一次升级，苹果手机 ipone4、ipone4s、ipone5……现在 ipone7 都出来了，未来 ipone10 都会出来，这就是产品升级，牢牢地锁定了客户。

二是组合各种产品和技术，不断创新。把很多产品的核心功能和技术放在一起，改变排列顺序，改变组合方式，创造出新产品来。比如乔布斯把手机、电视机、收音机、相机等产品的核心功能进行组合，就变成了智能手机这样一种新产品。

三是向上销售。什么是向上销售？比如说，夫妻二人拍婚纱照，本来按照产品等级介绍来介绍产品，要从6000元一套的产品起，然后就是2万元、5万元等各种等级的产品，但是影楼了解到这对夫妻家庭情况不错，而且两人计划有高端消费，就会直接从2万元一套的产品介绍，而且立刻推荐他们到马尔代夫拍旅游照，追销到5万元，推荐他们在拉斯维加斯举行婚礼，追销到10万元。不要等他们拍完照之后再追销，那就来不及了。所以向上销售，就是客户接触你的产品后，非常满意，那么你要马上追销，向上销售。

四是向下销售。向下销售也是立刻追销的方法。客户体验过你的产品之后，感觉产品挺不错，但是价格比较贵，在这个时候，你要进行向下销售。比如说，客户觉得定价1万元的课程太贵，5800元的课程也不愿意付钱来上，那么我会告诉他，我刚刚出了一本书，只要58块钱，如果他真的对我们的课程内容感兴趣，这个时候购买一本书是没有问题的。书后边附有作业和二维码，他看完书需要我们的辅导才能完成作业，扫二维码进入我们的作业辅导群，在群里进行互动，我们在群里继续追销，就会实现从图书到一阶课程、二阶课程、三阶课程的销售。客户好不容易来一次，要多层次地为客户提供服务，以期留下客户。

五是交叉销售。因为我们做教育培训工作，不断有学员来上课，积累了很多企业家学员。那么我们就成立了企业家俱乐部或者会所，企业家缴纳5万元成为会员，可以用会员费购买其他会员企业生产的产品，比如黄酒、鸭蛋、大米……但是所有的钱都需要在俱乐部或会所这个平台沉淀一个月，一个月之后再予以结算。那么这个平台就有了很好的现金流，就会产生新的赢利点。这就是交叉销售，也是追销的一种方式，通过提供更多样化的产品，让客户持续消费。

公式五：建设自己的池塘

一切的营销最终目的都是为了建设自己的池塘，让客户跟着你不是消费一次，而是消费一辈子。怎么建设自己的鱼塘呢？有三种模式。一是办理会员卡的模式。办理会员卡的目的就是让客户成为你的会员，客户有了卡之后，消费只能选择你。所以关键点就是你如何来设计会员卡，会员缴多少费用比较合理，提供什么样的会员服务，用什么样的策略销售会员卡。很多人钱包里都装着各式各样的卡，洗车卡、购物卡、美容卡……我们现在就生活在一个“会员卡”满天飞的时代。

二是合伙人模式。把客户变成合伙人，是很多公司都在使用的一种机制。

天汇农林水产公司盯上某饲料销售店。这个销售店年总销量平均在 3000 吨左右，最高的时候达到 6000 吨，客户群体包括本市及周边的 6 个乡镇。合作一年来，这家店销售天汇的饲料就达到 1800 吨，是天汇最重要和优质的客户之一。

考虑到这家店经过三十多年的经营，不仅拥有庞大的客户网，更有一线的反馈信息，这些对公司的成长与发展都是非常需要的，所以公司决定把这家店变成一个子公司。为此，天汇开出丰厚条件，这家店的经营者成为公司的合伙人，无偿享受公司的文化管理、技术指导和营销策略。

三是股权模式。会员模式、合伙人模式都是暂时锁定客户，真正长期锁定客户的是股权模式，让客户成为企业的股东。比如说，客户购买了我们的会员卡，成为我们的会员，享受会员所能享受到的服务。如果客户介绍其他会员进入会所，购买产品，那么我们和客户的合作可以成为合伙人模式。如果会所出售股权，客户符合条件购买，也愿意购买，那么就会成为会所的股东，那么就把客户终身锁定了。

任何一家公司开发客户的成本都非常高，但是客户流失也非常容易，所以希望我们的企业家能够通过会员模式、合伙人模式、股权模式，建设自己的鱼塘，绑定一辈子的客户。

公式六：成为明星与专家

企业家要成为明星或者专家，这是吸引与维系客户最好的方式，所有人都愿意与真正的专家打交道，与明星面对面。在信息时代，有很多途径都可以让企业家成为大众知晓的明星与专家。

一是写书。中国自古以来就有著书立传的传统，写一本书能够系统呈现企业家的思想与理念。做营销培训的，写一本企业营销的专业书；做领导力培训的，写一本关于领导力提升的书……用图书作为传达你观点的载体，体现出你的专业度。写书，是成为专家的一个条件。

二是做视频，根据你的诉求、公司产品要求等，拍一个微片，放在优酷、腾讯、爱奇艺等视频网站上予以传播。

三是成为网红，在网络上传播受到很多人的关注，马云、任正非、董明珠等就是网红。

四是参加电视节目，尤其是一些影响力比较大的节目，比如央视的《对话》栏目。

五是拍电影，以你的企业为故事原型，撰写一个剧本，然后拍摄电影，还可以在院线播放。

成为明星与专家之后，企业家的故事就会自动传播。

公式七：自动传播

自动传播的理念就是你必须有一些自动传播的素材、理念、语句或者故事。请问你企业的故事是什么？产品的故事是什么？你公司的历史渊源是什么？有故事才容易传播，如何做到自动传播呢？有个四级传播理论，我们一一介绍下。

一是企业对客户：制造传播语言。比如阿里巴巴的六脉神剑、九阴真经之类的就广为传颂，还有马云说的那句话："今天很残酷，明天更残酷，后天很美好，大部分人死在了明天晚上。"更是被创业者奉为金句。万科的"绝不行贿"，蒙牛的"每天一杯奶，强壮中国人"，都是经典的企业理念传播话语。

二是客户对客户：故事传播。对客户讲什么？讲故事。故事让人印象深刻，动人心扉，更容易传播。所以要学会设计故事、传播故事。企业家的核心工作之一就是说故事、谈理想。

三是客户对塘主：传播信任状，一词穿心。每个企业都应该清楚自己的信任状是什么。权威媒体的报道、传统老字号、机构认证等，说出来之后客户就能够信任你，然后购买。

四是塘主对塘主：更多的传播工具。公司的宣传片，产品介绍的PPT版、视频版、图文结合版、漫画版等；传播的载体如手机、网站、连锁店等。比如说，我们把课程PPT通过手机发给某培训公司，这个公司又发给某地的客户代理商，由他们双方对接，敲定上课时间和地点。所以对我们来说，做好各种传播工具，发送给塘主即可。

公式八：自动推荐

如何让客户形成自动推荐呢？

第一种方式是购买加推荐。客户购买产品后，如果能够推荐其他客户，则可享受到一定的好处。不一定是给客户钱，但可以给积分、给礼品、提供旅游的机会、给会员资格等。

第二种方式是平台加合伙人模式，公司成为平台，员工成为合伙人，真正成为公司的主人，调动了积极性和主动性，也就成为一种自动推荐系统。合伙人模式的核心是分享经济，就是你分享出去，我给你好处，所以平台加合伙，这是自动推荐系统。

第三种方式是分享经济，即分享带来益处。比如Airbnb，居民把家庭中空闲的房间分享出去；如Uber，车主把车的空位分享出去。闲置的房屋、时间、技能等，都可以分享出去，从而产生收益。这也是一种自动推荐。

进入别人的池塘，抓潜客户，用一套流程和系统成交客户，想尽一切办法增加客户的消费金额。建设自己的池塘，吸引客户；同时打造自己的专业身份和行业地位，成为专家，让企业理念和产品能够自动传播，能够形成自动推荐系统，这样的流程就逐渐成为一套系统，良性循环后，客户就不再是问题，也就变成了一套自动营销与赚钱的系统。

作业

自动赚钱的营销模式

营销原则	有	无	怎么做/方法
企业有无自动抓潜池塘的营销模式?			
没有这套自动营销系统，企业的现象是?			
如何实施自动抓潜营销模式?			

案例：利润导图课程的自动营销系统

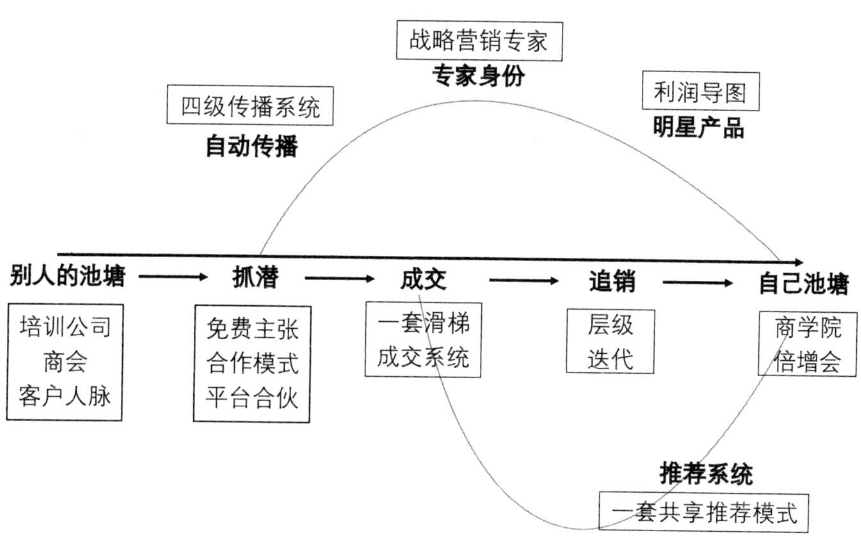

Part 7

说服流程

说服流程

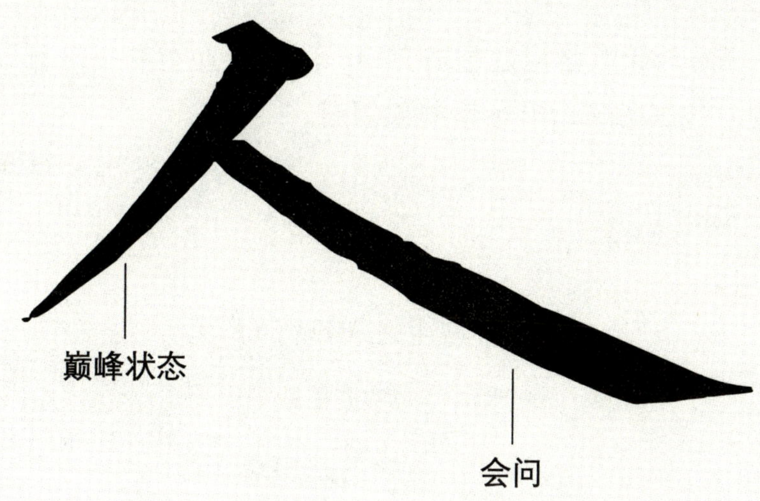

靠什么才能成为伟大的销售员

问问题

因为企业的目标是创造客户，所以企业有两个并且只有两个基本功能：市场营销和创新。

——彼得·德鲁克

结果产生之前是行为

行为产生之前是决定

决定产生之前是思想

思想形成之前是观念

说服客户之前的充分准备是至关重要的，不仅能够提高自信心，还是与客户顺畅沟通的前提和保障。学会倾听客户的谈话，了解客户的立场以及需求、愿望、意见与感受。学会从客户的利益出发去考虑问题，经过这一系列换位思考的假设，相信客户的想法和反馈也大都能被你预测，从而适当调整自己的沟通方式和方法与客户进行更畅通的沟通。同样换位思考，也能够使你在工作方式和方法上获得不断改进，使你更容易开展各方面的客户维系工作、更加深入客户的心。与不同类型的客户进行有效沟通和交流，需要一定的方法和技巧。

NAC说服心理学

NAC，即 Neuro-Associative Conditioning 的简称，中文的意思是神经链调整术。世界潜能激发大师安东尼·罗宾（Anthony Robbins）

在 NLP（Neuro-Linguistic Programming，神经语言程序学，经过几十年的发展，已被公认为是一套效果显著的实用心理学）的基础上，创立了 NAC 心理学。人与人之间的重要差别就在于有些人通过控制住自己的神经系统，而控制自己的情绪。可以这样说，人一旦控制了自己神经系统的运作，就可以实现任何的目标，达成任何的理想。

20 世纪 70 年代，理查・班德勒和约翰・葛瑞德在美国加州大学研究了一门学科，就是为什么有些人会成功，为什么有些人一生都很普通。最后，他们在心理治疗过程中根据所运用的语言和策略，创立了 NLP 这门学科，成为风靡全球的一种沟通技术、个人成长方法。

很多人都在学习 NLP，但发现这门学科比较复杂，有没有什么办法让人立刻理解并运用这门学科呢？安东尼・罗宾潜心研究后，发现通过神经链调整术，人可以瞬间改变自己的情绪。他非常兴奋，为了让更多的人知道并受益，他通过电台对外发布，说可以在现场解决任何人的问题，并租了一个 500 人的会场进行授课，最后只来了 7 个人。安东尼・罗宾对这 7 个人讲了三天，并在现场做示范。半年之后，这 7 个人转介绍了 2000 人来上安东尼・罗宾的课。因为能够在现场做示范，能够迅速改变，从此，安东尼・罗宾与 NAC 心理学开始受到热捧。

比如说，有很多人都想要戒烟，但戒了好多次都戒不掉。NAC 现场十分钟就可以让你一生都不吸烟，因为 NAC 是神经链调整术，直接调整了你的神经链，从根上打断你的烟瘾。NAC 会帮你拉响你的导火索，让你的潜能得到开发并爆发，可以快速改变自己的思维。

我曾经帮一位女士减肥。她说用过几十种减肥方法都瘦不下来。我承诺她，如果一个月减不下来，就全额退款。她来上课后，我让她上台当着众多学员的面说出100个减肥的理由，她说到99个时，说她懂了。我说你可以回家了。后来她一个月瘦下来30斤，平均一天瘦下1斤。她的发胖主要和吃有关系，如果能控制住吃喝，就能控制住体重，而控制吃喝就是一种心理的调节、心理学的艺术。这也是NAC心理学的精髓。

NAC是一种心理学的游戏，通过NAC能够了解一个人的价值观、一个人的信念、一个人坚持的原则、一个人的肢体动作所要表达的情绪，甚至一个人的表情所表达的情绪。但了解NAC，必须学习NAC的说服流程，这套流程是什么呢？怎么做呢？

有一次，我和一个企业家同行，我们一路聊着天。他说了很多负能量的话。我说："停！"他吓了一跳。我说："你结婚了吗？"他说："老师，我结没结婚，您还不知道吗？"我说不知道。他就不说话了。一会儿他又开始说一些负能量的话。我说："你有小孩吗？"他说："我小孩都六岁了，您见过几次了，怎么还问呢？"我不再说话了。他又开始说负能量的话。我说："你几岁上的小学？"他就蒙了，说："老师你在说什么？"我说："我也不知道在说什么，你在说什么呢？"他说也不知道在说什么。其实是他不知道，不知不觉中，他的思维惯性被我打乱了。

接着我给他输入心智，说每一次危机来的时候都是最大的机会，经济下行只是暂时的问题，未来经济一定会越来越好，目前最重要的是解决个人的心理问题，要锻炼心理的“肌肉”。他很快明白了。很多时候我们都是被惯性所控制的，只有打断惯性，才会产生新的行为。

结果产生之前是行为，行为产生之前是决定，决定产生之前是思想，思想形成之前是观念，观指价值观，念是信念。了解一个人的价值观和信念，才能击中他的心理，突破他的心理障碍。我们很多人来到这个世界上，连自己的价值观和信念都不知道是什么，由惯性控制自己，所以总是犯错，总是犹豫不决，总是不敢挑战自己。

说服流程的现场演绎

像安东尼·罗宾在上课的时候给学员做示范一样，我们也做一个现场的示范，来了解 NAC 的说服流程。这个示范需要一位男士，一位女士，我们设计如下的场景：

男学员：大家好，我叫王建伟，河南人。

老　师：首先你检查一下这副扑克牌，是不是全新的，正反面都看下。然后你扮演赌神的角色，来洗这副扑克牌。我们互相配合。

女学员：大家好，我叫马承林，是土生土长的大连人，今天很高兴来到这儿，谢谢大家。

老　师：好，建伟扮演赌神继续洗牌。承林，你是做什么行业的？

女学员：我代理日本最高端的调整型内衣，可以说每天都跟女同胞打交道。

老　师：接下来我们做一个互动，方式就是我问你一些问题，你不假思索地回答。好，赌神，你随便抽出一张牌给我（男学员把抽出的一张纸牌给老师）。你玩过扑克牌吗？

女学员：玩过。

老　师：扑克牌有 54 张对不对？

女学员：对。

老　师：去掉两张王牌剩下 52 张，52 张牌当中分成两种颜色，一种是红色，一种是黑色。假如让你选的话，你会选择红色，还是选择黑色？

女学员：红色。

老　师：确定吗？

女学员：确定。

老　师：红色我也喜欢，是国旗的颜色，剩下来的就是黑色，黑色当中分黑桃和梅花，对不对？

女学员：对。

老　师：假如让你选择的话，你是选择黑桃还是梅花？你一定会选择黑桃，是吗？我已经知道你内心的想法了。

女学员：是的，黑桃。这真的是我的想法。

老　师：非常好，我也喜欢黑桃，剩下的就是梅花。梅花当中又分为国王卡和数字卡。国王卡就是 J、Q、K，数字卡是 A、2、3、4 等，你会选择国王卡还是数字卡？我说你内心想的是选择国王卡。

女学员：是的。

老　师：剩下的数字卡就是A到10，它们又成奇数和偶数，奇数是1、

3、5、7、9，偶数是2、4、6、8、10。假如你要选择的话，你会选择奇数还是偶数？你内心会选择偶数，对不对？

女学员：我的天啊，您怎么知道我的选择！是的，我会选择偶数。

老　师：剩下的是奇数，奇数就是1、3、5、7、9。1、3、5是小数，7、9是大数，假如让你选择的话，你会选择大数还是小数？你回答吧，我不替你回答了。

女学员：大数。

老　师：好，剩下的就是小数1、3、5，你会选择哪个？

女学员：1。

老　师：好，剩下的就是3和5。3和5这两个数，你选择3还是5？

女学员：5。

（老师亮出手中的那张纸牌，果然是梅花5。女学员目瞪口呆。）

一对一的说服流程

这个场景设计的就是两个人面对面问答问题的流程，即一对一说服的流程，我们来详细剖析下。

第一，先问简单、容易回答的问题。比如说，你向女朋友求婚，不能见面就拿出戒指跟她说："嫁给我好吗？"可以说，我们在一起两年多了，是不是快乐的时候比较多？我对你是不是很好？想不想让我一直照顾你呢？然后把戒指拿出来。说服客户也是同样的道理，需要从简单的问题入手。

第二，连续问三到五个回答是"YES"的问题。

第三，要问二选一的问题。在说服客户的时候要善于问问题，不是问他买还是不买，而是问他买两套衣服还是三套衣服？客户问为什么，理由就是两三套衣服可以换着穿。要问他是自己来上课还是和公司高管一起来上课，客户说他是老板，为什么带其他高管过来？理由就是其他高管不学习，老板的理念就无法执行下去，理念执行不下去，老板学再多也没有用。总之，在说服客户的时候，要设计很多二选一的问题，选项太多，客户无法迅速选择；选项只有一个，客户往往会选择拒绝。

第四，要问一个约束性的问题。客户要"跑掉"时，你必须把他给约回来，不能让客户跑掉。比如你和客户约见面时间，问客户是周一、周三、周五方便还是周二、周四、周六方便。客户说都不方便。你可以说:“那我知道了，您周日有时间。那您看是周日上午方便还是下午方便？”这个时候客户一般都不好再拒绝了，就会选择一个时间段。你立刻跟进，和客户敲定地点。

第五，要问让客户感到痛苦的问题。客户不购买你的产品是因为还不够痛，但90%的公司都告诉客户，用他们的产品有什么好处，这就错了。为什么199元一斤的大米能热销，因为他告诉客户，这种大米预防癌症，不吃这种大米，就有得癌症的风险。有需求的客户会立刻行动。所以给好处不是行动的方案，而是要扩大客户的痛苦，找到客户的伤口，给他撒一把盐，拿拳头再捶一下，然后告诉他解药是什么。

第六，测试成交，因为成交需要测试。

按照这个流程，可以复盘一下上面的那个场景。首先问简单与容易回答的问题，我问她玩过扑克牌吗？她说玩过。然后我问了几个回答是YES的问题，我说扑克牌有54张，她说是的。我说去掉两张王牌剩下52张对吗？她说是的。接下来我问她二选一的问题，我说扑克牌有两种颜色，一种是红色，一种是黑色，请问她选择红色还是黑色？她只能从这两种颜色中选择，千万不要问她喜欢什么颜色，她如果说喜欢粉色，那么就会跳出整个沟通流程了，你设计的问题思路的连贯性就会被打破。

她选择红色。因为我抽到的是黑色纸牌，所以就问了她一个约束性的问题，给她约回来，我说剩下的是黑色，她说是的，就把她从喜欢红色的思路上给拉回来了。我说黑色当中又分为两种，一种是黑桃，一种是梅花，请问选择黑桃还是梅花。我知道她一定会选择黑桃，为什么呢？因为我了解心理学。请记住，客户的选择往往是取决于我们先说哪个产品，所以我先说黑桃。客户的选择也往往取决于我们说产品时声音是大还是小，我在说选择 3 还是 5 的时候，很明显，5 是我大声喊出来的。她选择了 5。因为我手里的这张牌就是 5。

所以说，客户的选择是由我们来帮他做的决定。客户不知道自己为什么买这种红酒，不知道为什么买这种海参，他们之所以痛苦是因为不知道怎么做决定，所以最伟大的推销员要帮助客户做决定。因为我们说话不坚定，客户给我们的回答就是 NO。

她选择黑桃后，剩下的就是梅花，梅花中又分为国王卡和数字卡，我先给她输入国王卡，她选择了国王卡，那么剩下的就是数字卡，又约回来了。数字卡又分为奇数和偶数，二选一的问题又开始了。她选择偶数后，我说剩下就是奇数，又约回来了。奇数中有大数和小数，她选择大数，剩下的就是小数，又把她约回来了。剩下 1、3、5，选择 1、3，还是 5？她选择 1，剩下就是 3 和 5，又把她约回来了。最后我说剩下 3 和 5，她选择 3 还是 5？因为先说的 3，她选择 3 也很正常，但她选择 3 后，我会说剩下的就是 5 对不对，她会说没错，结果还是我手中的这张牌：梅花 5。

这就是这套说服流程的魔力，了解客户心理，让客户跟着你的思路走，如果客户离开了你的引导，那么就再把客户给约回来。我们的问题在于：与客户沟通时，自己说个不停，而不是问问题。

一对多的说服流程

这套一对一的沟通流程是伟大的销售训练大师汤姆·霍普金斯发明的，如何进行一对多的沟通呢？尤其是在公开场合做演讲，与众多的学员、客户沟通时，该怎么办呢？汤姆·霍普金斯给我们提出了七个步骤。

第一，提出问题。任何一个公开演讲，首先要提出问题。如何提出问题，提出什么样的问题，也是一门学问，需要我们多学习和长期实践积累。

第二，扩大痛苦。客户之所以不买你的产品，是因为你还没有戳中他的痛点，他还不够痛苦。要善于对客户的痛苦划分等级，要清楚地知道客户的痛苦级别100分是什么状态，50分是什么状态。

第三，提出一套整体的解决方案。

第四，举出客户见证。文字、图片、视频等形式都可以，现场见证最具有说服力。

第五，提出特别优惠的价格。

第六，做出满意保证。客户需要的不是产品，而是产品给他的满意保证。

第七，一定要测试成交。任何一个现场的演讲必须要测试结果，销售的关键在于成交。

作业

企业的业务流程

1	企业的业务流程是什么?	
2	企业没有销售流程, 造成的损失是什么?	
3	你的修改方案	

Part 8

财务思维

财务思维

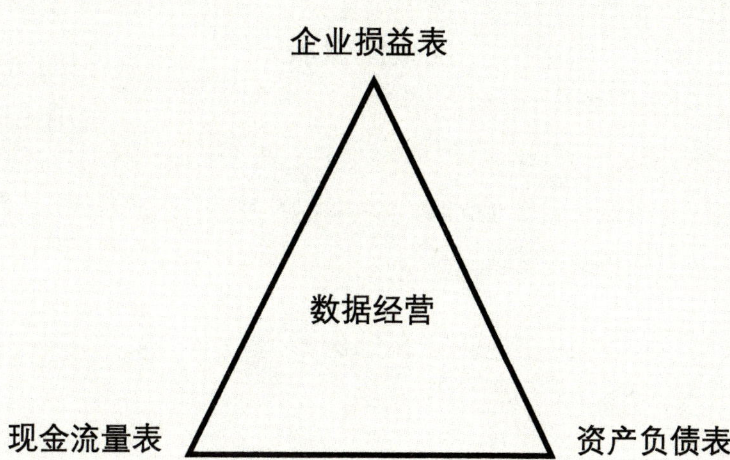

老板要懂三张财务报表

企业损益表

资产负债表

现金流量表

企业家必须懂财务

企业必须数据化

企业家必须居安思危

经商持续成功的秘密

老板必须具有财务思维。一提到财务两个字，大多数老板在意识上都有个误区，以为就是请个财务人员，帮着处理财务问题。如果老板不具备财务思维，到最后有可能公司挣了钱也不是自己的，事实上有很多老板在盲目地进行营销，盲目地收钱，最后钱却不在公司的账户上或者自己的账户上，因此而悔恨莫及。老板经营企业必须要懂下面三张表。

企业损益表

企业损益表也叫利润表，用来反映一个公司在一定时期内（通常指一个会计区间，如季度、半年度、年度）收入有多少，开支有多少，收入减去开支，就是利润，即利润＝收入－开支。如果收入大于开支，那么利润为正，公司就是赢利的；反之，开支大于收入，利润为负，公司就是亏损的。

开支就是成本，成本一般包含原材料、人员工资与福利、公司运营费用、销售费用、税费等。很多老板往往忽视税费，或者说脑子里没有这根弦。如果公司赚了很多钱，却没有缴税，那就是违法经营。

表8-1 企业损益表

企业损益表（收入－成本＝利润）		
	收入	10
减	成本及税金（料、工、机、费、税）	5
等	毛利	5
减	运营费用（管、销、财）	3
等	税前利润	2
减	所得税25%	0.5
等于	净利润	1.5

损益表（见表8–1）怎么用、怎么看呢？首先通过看损益表，能够帮助企业明确哪款产品是赢利的，哪款产品是亏损的。企业的每一款产品都应该有一个损益表。老板要清楚公司有多少款产品，每款产品卖得怎么样，定价是否合理。通过损益表计算，发现产品亏损后，就要找原因，实在解决不了产品亏损的问题，那就砍掉这款产品。

损益表还可以帮助企业砍掉客户。企业通过损益表可以计算出产品的成本价，如果说客户一直讲价，导致企业最后没有利润，那么这个客户就可以酌情砍掉了。

损益表还可以帮助企业考核各业务部门。比如说，你的公司有十个业务部门，通过损益表就可以看出哪个部门是亏损的，必要时就要砍掉。同样，对于业务员的考核也是如此，哪个一线业务员能够帮公司赚钱，公司就要重用；哪个一线业务员不能为公司带来订单，一直亏钱，那么就要找他谈话，做好辞退工作。

很多老板辛辛苦苦一年，到头来却没有利润，实际上，是过高的成本损耗了利润。综合考虑后，你们公司是不是有20%的员工需要砍掉、20%客户需要砍掉、20%的部门应该砍掉？降低成本就是企业获得的最大收益。可以说，从企业损益表上能够看出公司的战略方向、管理风格、考核导向等。

我有一个朋友做公司，我说必须请专业的人过来做审计，他半信半疑，我建议他先做做试试。审计完之后，发现他的弟妹贪污了公司的40万现金。他痛苦万分，找我喝茶。我们一边喝茶，一边说，能告她吗？不能！因为家庭会大乱，就这么忍了吧。他把茶杯摔在地上，叹口气说：“只能认了。”为什么吃了这个亏？因为他不懂财务，不具备财务思维。如果他懂财务就能够预防这类的事情，不会出现这样的漏洞。

资产负债表

资产负债表（见表 8–2）也叫财务状况表，用来表示一个公司在一定时期内（通常为各会计期末）财务状况（即资产、负债和业主权益的状况）的主要会计报表。资产分为固定资产和流动资产，企业的固定资产如果太多，企业就会压力山大。流动资产包括银行存款、应收账款、库存等。负债有长期负债、短期负债。非流动资产、固定资产、长期投资、股东权益、注册本金等概念的内涵是什么，作为老板，首先要了解这些基本的财务概念。

表8－2 资产负债表

资产负债表 （总资产＝负债＋股东权益）	
流动资产 1.银行存款 2.应收账款 3.库存	负债 1.短期负债 2.长期负债
非流动资产 1.固定资产 2.长期投资	股东权益 1.注册资本金 2.利润

另外，老板也要把自己家庭的资产和企业的资产分开来。很多老板都分不开，尤其是在企业遇到困难的时候，就更分不清楚了，把家里的钱拿到企业里去，企业倒闭家庭也跟着破产。老板要明白，企业可以破产，但家庭不能破产。有些企业有钱，老板就从企业账户里把

钱拿走，给自己家买房子，这就叫挪用，是违法的。

看懂资产负债表，也会让我们学会规避风险。比如库存是资产，但是如果库存不能成为利润，那么就是负债，而卖掉库存就是资产。很多企业倒闭就是因为固定资产太大，缺乏现金流。像欧美很多企业都不投资固定资产重的企业，或者他们自身就不购置固定资产，比如，办公室是租的，车是租的，厂房是租的……小企业的老板往往欠缺风险意识，一旦遇到了风险，企业可能就抗不过去。

十年前，有个朋友在新疆开饲料公司，没多久就倒闭了。我挺纳闷的，生意挺好的，怎么说倒闭就倒闭了呢？就问他原因。他说，有个员工开面包车出去送货，撞死了一个人，那个人耳聋，司机按喇叭，他听不到，司机没刹住车子，就出了车祸。赔了人家 60 万元。他们两个合伙人带着 10 万元过去，刚刚赚了一些钱，结果一个车祸，就把公司给赔进去了。

我们的老板平时忙于经营，哪里会想到这些风险。因此通过资产负债表，我们要时刻警惕公司所面对的风险，包括一些突如其来无法预料的风险，时刻计算着公司能否在风险面前安然无恙地度过。我们不知道风险哪一天到来，意外和明天哪个先到也根本不知道，具备了风险意识，才能让我们在风险来临时不至于一败涂地。

企业损益表和资产负债表决定着企业生死。建议我们的老板要形成一个好习惯，要请专业的审计公司来做审计，特别是大一点的企业，专业的人做专业的事儿。审计人员会站在非常公正的角度告诉你企业存在哪些问题，并给你提出解决方案。

很多老板为了省钱，遇到问题，不是请教专家，而是自己买书看，自己钻研、解决。其实很多时候花钱才少走弯路，花钱买的是直线，不花钱就要走弯路，有时候走弯路的代价特别大。如果公司出了法律上的问题，就要请法律顾问来解决；如果出了财务上的问题，就请财务专家来解决。这是最便捷、最有效率的解决问题的方式。

现金流量表

老板除了要控制成本外，面临的最大的财务问题其实是现金流（见表 8–3）。比如说，有一家公司营业额是 10，减去成本 7，收入等于 3，即 10 － 7 ＝ 3；有一家公司的营业额是 10，成本是 10，那么收入就等于 0，即 10 － 10 ＝ 0。但是收入等于 3 的公司却破产了，而收入为 0 的公司却上市了。为什么？

表8－3 现金流量表

现金流＝流入－流出

国美电器上市了，黄光裕成为首富了；阿里巴巴上市了，马云成为首富了。国美不生产电器，阿里巴巴不生产产品，他们怎么就能上市呢？因为他们做的是现金流的业务，就类似于银行。神州专车最大的赢利点是现金流，神州专车拿到钱之后可以做神州贷款。摩拜单车也是如此，它的 299 元 / 人的押金是它最大的赢利点。所以对我们中小企业来说，库存压力必须变小。

老板们要明白，企业有三种现金流。

第一，经营性现金流，就是买进卖出的现金流。比如你是卖鞋的，今天你买进了多少双鞋，卖出了多少双鞋，你买进卖出剩下的就是经营性的收入，这是企业最基础的现金流。

第二，融资性现金流，通过股票、会员卡、贷款等方式给企业带来的现金流。比如你是开饭店的，生意特别火爆。有一种白酒就想在你的饭店销售。你和酒厂谈好合作模式，每月底结算上个月的账。如果你每月都能卖掉3万元的酒，那么这3万元就是沉淀下来的现金流，只要饭店还开着，这3万元就会一直在你手上。很多美容美发店都用会员卡吸引客户，1000元一张的，10000元一张的，50000元一张的……客户买了会员卡后，钱就沉淀在店里了。只要有现金流，企业就会创造新的赢利点。

第三，投资性现金流。麦当劳在美国赚得最多的钱不是因为经营性的现金流，也不是融资性的现金流，而是投资性的现金流。它是怎么投资的呢？麦当劳发现，只要在某条街开店，周边的房价立刻从一万美金涨到两万美金。于是麦当劳就成立了一个地产公司，在开店之前先把房子买下来，之后就挂个大牌子，写着“麦当劳即将进驻”，然后必胜客也就来了，商场也就来了。等周边的房子卖得差不多了，麦当劳也就开业了。麦当劳是玩投资的，不是玩汉堡的。

如果企业里同时并存经营性、投资性、融资性现金流，那么这个企业就会成为“日不落企业帝国”，像麦当劳、肯德基、星巴克等都是这样的企业。连锁性质的企业都有三种现金流，比如我们熟悉的链家、我爱我家、绝味鸭脖、创客优品等。反之，如果现金流断裂，那么给公司带来的后果则非常严重，破产、倒闭，甚至公司责任人自杀，这样的案例近年来出现了不少。企业家时刻都要“战战兢兢，如履薄冰”，时刻关注自己的现金流，要明白现金流断裂的原因是什么。

找到五大利润增长点

根据企业损益表和资产负债表，我们在哪些地方才能找到利润呢？比如说，公司明年的目标是利润比今年增加50%，如何实现呢？其实至少在五个方面，可以让我们寻找到新的利润增长点。

降低原材料采购成本

在原材料的采购中，一定能够节约一些成本。为什么呢？因为采购中很容易发生猫腻。所以，首先，要有比较完善的采购流程。比如价格谈判与合作团队选择由张三负责，原材料采购由李四负责，原材料入库由王二负责，原材料使用与后续的服务对接由赵五负责，把采购流程分为四个独立、互相监督的环节，可以避免采购环节中的很多猫腻问题。如果说公司比较小，采购目前只能由一个人负责，那么就要求所有采购的账单上，都要附上供货方负责人的电话。老板可以派财务或者其他员工随机打电话询问买某东西的价格，一对比结果就出来了。

另外也必须坚持发票制度，所有账目都要有发票。通过发票，来判断是否属于采购原材料的成本，或者判断此成本是否合理。有很多公司的员工出去采购，回来后随便拿发票就报销了，很不严谨，公司就存在着很大的财务漏洞和风险。

其次，要建立供应商数据库。你是做服装的，要采购布料，那就建立布料供应商的数据库，至少要掌握十家布料供应商的联系方式、布料质量、布料价格等。你开饭店需要各种调料，那就建立调料供应商的数据库，也要至少十家。货比三家才能不吃亏。等企业发展到一定阶段了，可以根据合作情况，逐渐确定其中一家供应商为主，但前提是，老板必须了解市场价格。很多老板钱没少花，用最高的价格采购来的却是最差的原材料，到最后生产出来的产品，客户不满意，老板却不知道问题出在哪里。

再次，要竞标采购。对于比较大型的采购，至少要求有三家供应商来竞标。竞标采购至少在原材料品质上、价格上都会有竞争力。比如你的饭店要装修，预计费用是100万元，要不要竞标呢？当然要竞标。至少找三家装修公司，出方案，出价格，双方都合适了，再签合同。说到签合同，我们再补充一点，这也是很多老板的痛点。因为老板们都很忙，谈完合作方式和价格后，很少有人逐字逐句地看合同，都是看完合同文本的关键点，就给签了。对合同真的不敏感。

在我们教育培训行业就有这样的问题，不是在揭行业的丑，而是用这样的事实来提醒我们的老板。老板报名去上课，先要交付订金。但是要搞清楚，是订金还是定金。订金是预付款，老板不去上课是可以退给你的；而如果是定金，如果你不去上课，培训公司就可以玩字面游戏，不退给你。比如说，课程价格是6.8万元，你交了1万元的定金，但是你突然生病了，或者说不愿意去上课，想让培训公司退钱给你。这时候一般就退不了，培训公司可能会给你价值1万元的其他产品，比如课程光盘等。

最后，要善于联盟团购。联盟团购容易降低采购成本，比如临近春节买酒，一次买 100 箱的价格和一次买 10 箱的价格能一样吗？比如给员工做工作服，一个企业需要 100 套，找 10 家企业，做 1000 套，再去和服装厂谈价格，价格肯定会降低。至少能降低 10%，这 10% 的成本不就是利润吗？所有的服务、商品，通过联盟采购都可以降低采购价格。但问题是，联盟为什么很难成立呢？有诚信的问题，有中间利润的问题，有劳动付出的问题。

平台出现后，就解决了联盟困难的问题。比如说，我们有很多企业家学员，就容易建立企业家俱乐部这样的平台，在这个平台上，如果有 10 个企业家想买奔驰车，那么由我们平台员工联系或者由其中一个企业家学员联系 4S 店，一次性购买 10 辆，哪个 4S 店不重视呢？价格会优惠，提车时间会提前。

降低人员成本

人员成本怎么才能降低呢？首先是平台＋合伙人的制度，实现员工价值的最大化。人的潜力是无限的，人的工作效率是可以提升的，如何提升呢？需要让员工认同企业理念，把企业当作自己的，把工作当作自己的，人人都为自己干。我们公司很多年前就设立了这样的制度。业务员要完成 20 万元的销售业绩，才有资格参与分红，平时的业绩按照积分制计算，积分高的，分红的比例就高。这些员工们都不需要我们去管理，他们如狼似虎，拼命拉订单，内训课程每天都安排得满满的，甚至我结婚前一天还在讲课。

其次，要进行绩效考核。有了绩效考核，就表示人人头上有指标。企业内部的每个部门都是利润主体，制订详尽的考核制度，让员工做到心中有数，随时能够计算自己能拿多少钱。比如说，员工一个月完成50万元和完成100万元的销售额会拿到一样的提成吗？当然不一样，对员工进行奖励，如何奖励，奖励多少，你和员工都需要做到心中有数，这就是绩效考核的作用。你要相信，员工的潜力是无穷的，只要有制度，他就会想尽一切办法去获取最大的利润。

再次，要进行末位淘汰，不能安逸。营销型公司如果员工比较多，那么最好实行末位淘汰制，虽然末位淘汰制度对被淘汰的人打击很大，但这种制度确实能调动员工的积极性。比如保险公司就经常使用这个方法，不管每个月每人完成多少，总是要淘汰业绩排在末尾的一个人。谁都不想成为被淘汰的人，一旦有压力，人的潜力就容易被激发出来。员工的主动性充分被调动了，创造的价值也就高了，相应地，人工成本也就降低了。

设立预算管理制度

老板们要善于运用预算制度，对公司各部门的财务及非财务资源进行分配、考核等，组织和协调公司运营，完成经营目标。按照时间来划分，企业常用的预算有年度预算、季度预算、月度预算等，各种预算必须提前报给公司。

在企业运营中，各相关业务负责人按照预算开展业务，总会发现预算失误，为什么呢？很正常，因为预算一定会出现失误，再精细的预算也是对未来的预测，未来的业务有一些不确定性。但是一旦有预算失误，就会让业务负责人警醒，从成本角度考虑问题。比如说，你有10家连锁店，每个店的店长都做月度预算。每到月底，有些店长就发现支出超出了预算，就会思考为什么，哪些业务的开支超出了预算。一旦店长有了成本意识，就会想方设法节约成本，公司的利润也就出来了。

砍掉部分客户

首先要砍掉给公司带来亏损的客户。根据二八法则，有20%的客户会给公司带来亏损，只是老板从来没有仔细计算过。锁定高端，或者是低端中的高端，或者是穷人中的富人，必要的时候，必须砍掉20%给企业带来亏损的客户，老板把更多的精力放在维系那些给企业带来利润的客户身上，所以要做客户升级的工作。

其次要砍掉不诚信的客户。诚信是商业的基石，天道酬勤，人道酬诚，商道酬信。很多公司都遇到过不诚信的客户，比如说，你是开药店的，有客户拿着药来退，你一眼就看出来这药不是你家的，他是在别人家买的药。如果不给他退，他就闹。这种情况一定发生过。遇到这样的客户，要坚决砍掉。

砍掉面子

中国人都有好面子的心理，尤其是北方地区的老板们比较严重。

面子工程是公司最大的成本。

首先就是老板的办公室，千万不要为了面子而做豪华装修，如果你的公司还只是刚刚起步，你在家里办公都可以。要知道办公成本是公司最大的成本之一，能砍掉多少就砍掉多少。

其次要砍掉用车成本。好面子的老板要开豪车，觉得这样去谈生意才能被人看得起。豪车的保养、维修就是一笔很大的成本。

再次要砍掉排场。老板们讲究排场，吃饭一定要去最高档的酒店，大包厢。有一次我去哈尔滨讲课，被带去吃饭，竟然是一个二十人的大包间，我们一共四个人，坐在大圆桌旁边，说话都不方便。这种排场害死人，是公司需要砍掉的成本。

从原材料到人员、预算、客户、面子这五个方面，如果能够砍掉10%的成本，那么公司增加50%的利润是完全有可能的。

现金流断裂的八个原因

亏损

如果你的企业处于亏损状态，那么一定要学会止血，否则就要叫停。如果你有很多家连锁店，有些店不亏损但是也不赚钱，你要亲自去考察，看能否解决不赚钱的问题，如果不能解决，那也要赶紧叫停。有时候比较小的亏损就像在我们身体上的小伤口，虽然不大，但是一直流血。如果不能止血，流来流去，最后就导致我们的心脏供血不足，后果非常严重。

高额利息

很多房地产公司抓住时机，开发房地产，从银行贷款，数额巨大，利息压力就是一座大山，吞噬着公司的现金流，最后有可能导致现金流断裂，公司破产。有的公司是靠高利贷支撑，这只能说明公司已经面临巨大的挑战了。这个时候老板需要判断能否靠高利贷撑过去，并让企业摆脱困境。如果老板从各方面分析发现很难撑过去，那么就需要当机立断，申请企业破产。高利贷一定会影响企业的现金流，高利贷的利息就是企业现金流的一道紧箍咒，企业千辛万苦的进账，最后有可能就被高利贷给吞没了。

财务混乱

公司缺乏专业的财务人员，公司管理层又不具备财务思维，各种账目糊里糊涂，对税务更是一头雾水，一不小心就有“违法经营”的危险。所以老板们一定要记住：财务不能乱，一定要一清二楚，要找专业的财务人员进行审计。

投资失误

好多老板赚到钱后就头脑发热，总觉得别的行业很容易赚钱，开始乱投资；或者说扩大经营更容易赚钱，开始不自量力地拓展业务。有个老板和妻子一起开了一家餐饮店，200 多平方米，生意很好。有一天他的朋友说，这个店太小了，你的管理能力这么强，200 多平方米的店也是开，还不如开个大店呢，2000 多平方米的。他一听，很有道理。就重新租了一家 2000 多平方米的店，然后店长、后厨、服务员都相应增加很多。不多久，他就发现消费者少了，菜味儿变了，管理也是一塌糊涂。又过了一段时间，现金流开始断裂，新开的这家店被迫关门。

高库存

企业千万不能有高库存，库存不是利润，而是成本，是拿钱买进来的。现在排第一的高库存的行业是什么？是房地产行业，很多人没想到吧，很多三四线城市的房子库存压力特别大。对零售业来说，服装库存排第一。前几年，体育运动的代表品牌李宁就集中处理库存问题。所以老板们一定要谨慎，心里要有个警戒线，到了警戒线，一定不要进货。

应收账款收不上来

应收款＝阴收款。我们做企业，千万不能都是阴收款，否则企业就死定了。十几年前，我在禾丰集团做饲料销售，禾丰集团就要求必须现款现货。当时的饲料业同行就赊销，后来很多企业就死了。禾丰集团现在成为行业前三强，中国十大饲料企业，为什么？因为不做阴收款。所以关键时候要砍掉不能带来利润的客户。

固定资产投资太大

对我们中小企业的老板来说，手头上赚了一些钱，先不要投资在固定资产上，比如工厂、设备等硬件上，而是把钱投资在市场，投资在软件上。因为固定资产投资太大，占用了太多的现金流。如果你把钱投资在固定资产上，那就要计算一笔账，公司的应收账款是多少，心里要清楚投资固定资产的警戒线在哪里。有人就从不考虑这些问题，比如说，有人一个月挣 2 万元，却买一套别墅，每月的月供就要 2 万元。这就不是理性投资。这时候你可以买一套公寓，月供在 5000 元左右，也不会太影响你的生活质量。我们中小企业的发展节奏也是如此，每个阶段有每个阶段的投资之道，要量力而行，时刻警惕着现金流。

严重负债

老板们对资产负债一定要盘点清楚，手头上没有钱的时候，千万不要随便投资。比如说你开饭店，如果手里现金流不多，那么就不要乱买房子，可以紧着手头上的钱，先去租房子。有的老板觉得房子不贵，先买下来，饭店一旦运营起来，就有流水了，房贷就不是问题了。他不知道的是，饭店运营起来后，往往流水还不够人工和房租，前期是很困难的。时间一长，就导致现金流断裂。不懂财务、不具备财务思维的老板上战场，亏损几乎是一定的。

最后有三句话送给大家，第一句:“企业家必须懂财务。”第二句:“企业必须数据化。”第三句：“企业家必须居安思危。”在当今这个时代，我们企业经营的环境以及企业家面临的压力，都时刻提醒我们要居安思危，要具备企业家精神。

什么叫企业家精神？我们来看一些企业家的例子。提到任正非，我们都是由衷的崇敬。自从华为创业之初，任正非就每天跟员工们在食堂吃饭，一直到现在。任正非为人非常低调，很少在公众场合亮相，生活上也非常俭朴。曾有网友拍到任正非在上海虹桥机场坐出租车的照片，瞬间刷爆朋友圈。但是任正非对知识、创新的尊重却是无与伦比的，华为去年投入到研发与学习的费用就有 600 亿元，而且未来每年都会有 100—200 亿元的增加。这就是我们应该崇尚的企业家精神。

王永庆是台湾最受人尊敬的企业家。他经常讲瘦鹅理论，就是说节省一元钱，等于净利一元钱。他资产过千亿，但是一条毛巾用了 30 年，开的是一辆 1988 年生产的凯迪拉克车，从不穿名牌服装。他用的香皂，到最后剩下一小片没法用了，就放到一边，再用第二块，这样一个月一块，一年十二块，十二个小片，他就按在一起，又是一块完整的香皂，继续使用。但他是慈善大家，一生捐款超过50亿元，修建2300多所小学。他用这种理念、创业精神来影响着我们。这就是企业家精神。

李嘉诚，华人首富，他说宁可饿着肚子也要买书学习。他的一套西装可以穿18年，皮鞋坏了，补一补再穿。他身为地产大亨，住的不是豪宅，而是1962年婚前购置的老房子。他佩戴的手表是西铁城品牌的，1000港元左右，戴了十年以上。他的眼镜用了十年以上，因为度数不够了才换，但是却没有换镜框。他虽然没有接受良好的教育，但他每天晚上都要读书。他说知识并不一定换来财富，但是能帮助他创造更多的机会。他成为塑胶花大王就是通过看英文报纸，得知欧洲的塑胶花生意大有可为，他真正用知识看到了未来。学习不一定直接给你带来财富，但是它会擦亮你的双眼，让你看到更美好的前程。

作业

老板必备的财务思维

1	企业是否依据数据进行经营?	
2	企业没有进行数据化经营,造成的损失是什么?	
3	企业预先采用哪些成本控制策略?